フェイクニュースがあふれる世界に生きる君たちへ

増補新版 世界を信じるためのメソッド

森達也

ミツイパブリッシング

もくじ

第1章

ニュースは間違える

連想ゲームをしよう

突然《とつぜん》だけど、ゲームをしよう。連想《れんそう》ゲームだ。
アフリカと聞いて、あなたは何を連想《れんそう》する？
あまり難《むずか》しく考えなくていいよ。ぱっと思いついたイメージを言ってほしい。
僕《ぼく》も書くよ。同時《どうじ》にやろう。

ライオンやキリンやシマウマやゾウ
ジャングル
狩《かり》をする先住民《せんじゅうみん》
サバンナ
キリマンジャロ

こんなところかな。ちなみに僕《ぼく》はもう一〇年以上《いじょう》前になるけれど、ケニアに行った。滞在《たいざい》したのはモンバサという港町《みなとまち》で、高層《こうそう》ビルもあればコンビニもあった。車で二時間も走れば、多くの野生動物《やせいどうぶつ》が棲息《せいそく》する国立公園に行けるけれど、狩《かり》をしている現地《げんち》の人などもういない。

イメージってどうしてもわかりやすいものに固《かた》まってしまう。その結果《けっか》、実《じっ》際《さい》とはかなり違《ちが》うものになってしまうけれど、人はなかなかこれに気づくことができない。これをステレオタイプという。

まあこれはちょっぴり余談《よだん》。でもこの本のテーマに、実《じつ》はとても関係《かんけい》が深いことでもある。これについては、またあとで書こう。今は連想《れんそう》ゲームだ。じゃあもうひとつ。アメリカと聞いて連想《れんそう》するものは？

マクドナルドのハンバーガー

コーラ

自由の女神
メジャーリーグ
グランドキャニオン

最後《さいご》にもうひとつ。今度《こんど》は日本からとても近い国だ。北朝鮮《きたちょうせん》と聞いて、今あなたが連想《れんそう》するイメージは？

金正恩《キムジョンウン》の髪型《かみがた》
たくさんの人たちのマスゲーム
足を真《ま》っ直《す》ぐに伸《の》ばして行進する軍隊《ぐんたい》とミサイル
怒《おこ》ったようにしゃべるテレビのアナウンサー

オーケー。今この本を読んでいるあなたの声は、残念《ざんねん》ながら今この本を書い

ている僕《ぼく》には聞こえない。でもきっと、それぞれの国や地域《ちいき》の名前を聞いてあなたがイメージしたものは、僕《ぼく》が例《れい》に挙《あ》げた要素《ようそ》とだいたい同じようなものだと思う。

イメージはどこから?

じゃあここでもうひとつ質問《しつもん》。

これらひとつひとつのイメージを、あなたはなぜ知ったのだろう? 別《べつ》に国や地域《ちいき》だけじゃない。何だっていい。たとえば交通事故《こうつうじこ》。たとえばシーラカンス。たとえば宇宙《うちゅう》ロケット。たとえば世界一のお金もちの邸宅《ていたく》。たとえばオーロラ。たとえば時代劇《じだいげき》の撮影現場《さつえいげんば》。たとえば戦争《せんそう》。たとえばウミガメの産卵《さんらん》。

これらの言葉から、あなたはまず映像《えいぞう》をイメージするはずだ。ならば今度《こんど》は、その映像《えいぞう》を自分がなぜ知っているかを、もう一度考えてほしい。ほとんどの場《ば》合《あい》はテレビかインターネットのはずだ。本や新聞の写真の場合《ばあい》もあるだろう。教科書や映画《えいが》の場合《ばあい》もあるかもしれない。

これを言い換《か》えれば、あなたが今もっているこの世界のイメージのほとんどは、テレビやインターネットなどから与《あた》えられた情報《じょうほう》で、作られているということになる。

学校や放課後《ほうかご》のグラウンド。夕食のトンカツやマクドナルドのバリューセット。家からいちばん近い停留所《ていりゅうじょ》から発進《はっしん》するバス。その車窓《しゃそう》から見た街《まち》の風《ふう》景《けい》。神社《じんじゃ》の夏祭《なつまつ》り。近所《きんじょ》のコンビニのレジのお兄さん。

これらは僕《ぼく》たちの生活の範囲内《はんいない》にある。だから直接《ちょくせつ》見たり、聞いたり、食べたりすることができる。でも世界は広い。僕《ぼく》たちが普段《ふだん》、見たり聞いたりできる範囲《はんい》だけが世界じゃない。

そんな遠い国や地域《ちいき》のことなんて、自分には関係《かんけい》ないと思う人がいるかもしれない。うん。確《たし》かに。知らなくてもとりあえず生活に不自由《ふじゆう》はない。でもちょっと待って。

戦争とお菓子の値段

たとえば中東《ちゅうとう》で戦争《せんそう》が起《お》きる。そうすると原油《げんゆ》を輸入《ゆにゅう》しづらくなる。量《りょう》が少なくなるからみんなが我先《われさき》に欲《ほ》しがる。だから原油《げんゆ》の価格《かかく》が上がる。原油《げんゆ》を精製《せいせい》して作るガソリンも上がる。

ドライブができなくなる?

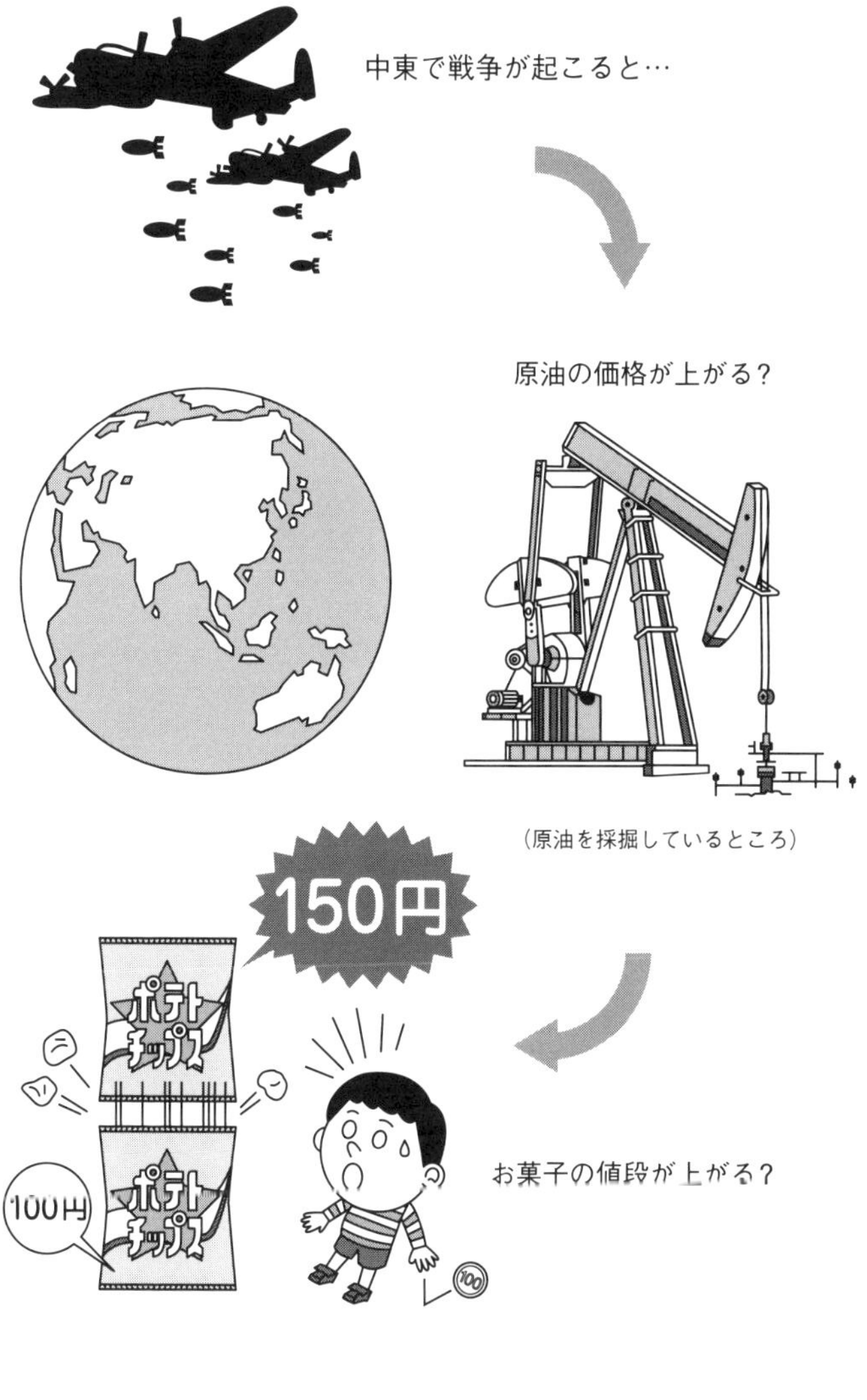
中東で戦争が起こると…
原油の価格が上がる？
（原油を採掘しているところ）
150円
ポテトチップス
100円
ポテトチップス
お菓子の値段が上がる？

いやいや、そんなレベルじゃない。トラックなどで運《はこ》んでいた国内《こくない》の商品《しょうひん》の流通《りゅうつう》にかかる経費《けいひ》が上がる。そうすると、あなたが好きなお菓子《かし》の値段《ねだん》が上がる。原油《げんゆ》を材料《ざいりょう》にしていたプラスチック製品《せいひん》の値段《ねだん》も上がる。工場でも原油《げんゆ》を燃料《ねんりょう》に使うところでは、製品《せいひん》に値上《ねあ》げの分が上乗《うわの》せされる。

こうしてありとあらゆるものの値段《ねだん》が上がる。材料《ざいりょう》が減《へ》るから生産量《せいさんりょう》は下がる。倒産《とうさん》する会社が増《ふ》える。あなたの生活だって大変《たいへん》になる。

これはほんの一例《いちれい》。世界の経済《けいざい》はネットワークで成《な》り立っている。他《ほか》の国の経済状況《けいざいじょうきょう》は日本にも大きく関係《かんけい》する。

遠くの国や地域《ちいき》のことなんて関係《かんけい》ないなどと言っていたら、サッカーのワールドカップの決勝戦《けっしょうせん》や、ディズニーの新作映画《えいが》だって観《み》ることができなくなるかもしれない。スーパーに行ったら、商品《しょうひん》の半分以上が消《き》えていることだってありうる。いずれにしても僕《ぼく》やあなたの今の生活は、この広い世界と無関係《むかんけい》ではありえない。とても密接《みっせつ》に関係《かんけい》している。

いろいろ世界を知らなくてはいけない理由《りゆう》を書いたけれど、僕《ぼく》の本音《ほんね》はもうひとつある。ここに書くことが恥《は》ずかしくなるくらいに単純《たんじゅん》だ。いろいろ考えたけれど、やっぱりこれがいちばん大きい。

知りたいんだ。


今世界で何が起きているのかを。直接《ちょくせつ》の関係《かんけい》がないとしても、でも同じ時代に同じ地球で暮《く》らす人たちのことを、僕《ぼく》はできるだけ知りたい。

アマゾンの密林《みつりん》で暮《く》らす人たちは何を食べているのか。

北極圏《ほくきょくけん》で暮《く》らすイヌイットたちは何を着ているのか。

南氷洋《なんぴょうよう》を泳ぐマッコウクジラを見たい。

ロシアのバイカル湖にアザラシがいるという噂《うわさ》は本当なのか。

ニューヨークの摩天楼《まてんろう》を見たい。

中国の高地《こうち》に暮《く》らす少数民族《しょうすうみんぞく》の一日を知りたい。経済《けいざい》の関係《かんけい》があってもなくても、他《ほか》の国の戦争《せんそう》についても、やっぱり僕《ぼく》は知りたい。誰《だれ》も知り合いがいなくとも、関係《かんけい》ないとは思えない。

戦争《せんそう》が起きれば、たくさんの人が死ぬ。同じ時代に同じ地球に生まれた人たちだ。それは僕《ぼく》やあなたに関係《かんけい》ないの？　もしかしたら僕《ぼく》やあなたにもできることがあるかもしれない。今すぐに思いつかないとしても、でも知らなければ考えることもできない。僕《ぼく》は知らないままで生きたくない。知りたい。

あなたは知らないままでいいの？

戦争《せんそう》だけじゃない。世界には食べるものがなくて亡《な》くなる人もいる。地震《じしん》や津波《つなみ》などの災害だってある。いろんな国、いろんな地域《ちいき》、そしていろんな人たちのことを僕《ぼく》は知りたい。見たい。聞きたい。でも実際《じっさい》にそのすべての場所に足を運《はこ》べるほど、僕《ぼく》やあなたは自由ではないし、時間やお金もとてもかかる。だからテレビやラジオ、新聞や本やインターネット。これらはとても重要《じゅうよう》だ。

メディアって何？

世界をあなたに伝《つた》えてくれるテレビやラジオ、新聞や本、インターネットを「メディア」と呼《よ》ぶ。「マスコミ」と言う人もいる。「マスコミ」のもとの言葉である「マス・コミュニケーション」を正確《せいかく》に翻訳《ほんやく》すれば、「受信《じゅしん》する能力《のうりょく》をもつすべての人に公開《こうかい》されたコミュニケーション活動《かつどう》」ということになる。

テレビやラジオ、新聞や本にインターネットも含《ふく》まれるけれど、映画《えいが》やDVD、ポスターやチラシ、場合《ばあい》によっては切手やお菓子《かし》のパッケージだって、広い意味ではマスコミのひとつだ。だからこの本では、僕《ぼく》はマスコミという言葉は使わずに、メディアを使う。

国語辞典《こくごじてん》を引けば、「メディア」の意味は「情報《じょうほう》をつたえる手段《しゅだん》」とある。続《つづ》いて「とくに、新聞やテレビなど、多くの人につたえる方法」。

今なら新聞やテレビよりも、ユーチューブを観《み》る人のほうが多いかもしれない。ツイッターやインスタグラム、フェイスブックといったSNS（ソーシャルメディア）で、情報《じょうほう》を知ったり発信《はっしん》したりする人もたくさんいるよね。念のため、「情報《じょうほう》」はわかるかな？　同じ辞典《じてん》で調べてみよう。

【物ごとのようすや内容についての知らせ。また、何かをしたり考えたりするのに必要《ひつよう》な知識《ちしき》】（『例解学習国語辞典《れいかいがくしゅうこくごじてん》』、小学館、二〇一七年）

前半《ぜんはん》は「お天気情報《じょうほう》」などに使う「情報《じょうほう》」の意味だね。そして後半《こうはん》も重要《じゅうよう》。僕《ぼく》たちが「何かをしたり考えたりする」とき、情報《じょうほう》が足りなければそれを探《さが》さなければならない。その情報《じょうほう》を伝《つた》える手段《しゅだん》がメディア。手段《しゅだん》がなければ情報《じょうほう》も伝《つた》わらない。つまりメディアがなければ知ることはできない。そしてその情報《じょうほう》の積《つ》み重《かさ》ねが、この世界についてのあなたのイメージになっている。

世界についてのイメージとは、つまり世界観《せかいかん》。

人はそれぞれの世界観《せかいかん》をもつ。僕《ぼく》の世界観《せかいかん》は僕自身《ぼくじしん》でもある。あなたの世界観《かん》はあなた自身《じしん》でもある。そのもとになる情報《じょうほう》を伝《つた》える手段《しゅだん》がメディア。だからもしメディアが伝《つた》え方《かた》を間違《まちが》えれば、僕《ぼく》やあなたの世界観《せかいかん》が、間違《まちが》ったものになってしまう可能性《かのうせい》がある。それは困《こま》る。せっかくこの世界に生まれてきたのだ。だからちゃんと知りたい。世界を間違《まちが》って知りたくない。正しく世界を知りたい。いろんな人の喜《よろこ》びや悲《かな》しみ、絶望《ぜつぼう》や希望《きぼう》、怒《いか》りや嘆《なげ》き、優《やさ》しさや豊《ゆた》かさ。それらを僕《ぼく》はちゃんと知りたい。あなただってそうだよね。

だからメディアは、とても大事《だいじ》な存在《そんざい》だ。ところがそのメディアが、間違《まちが》えることがある。たまにじゃない。メディアはとてもよく間違《まちが》える。

メディアの意味は「多くの人に伝《つた》える方法」。ならばその「方法」とはどういうものだろう？　パソコンやスマホ？　ペン？　印刷機《いんさつき》？　電波《でんぱ》？

うん確《たし》かに。いろんな要素《ようそ》がある。でもそれらが置《お》いてあるだけではただの道具だ。道具は使う誰《だれ》かがいて、初《はじ》めて意味をもつ。

つまりメディアは人。

僕《ぼく》はテレビの制作現場《せいさくげんば》にいたからその話が多くなるけれど、テレビなら映像《えいぞう》を撮《と》るカメラマン、現場《げんば》で演出《えんしゅつ》をするディレクター、そのすべてを管理《かんり》するプロデューサー。新聞や雑誌《ざっし》なら取材《しゅざい》をする記者、写真を撮《と》るカメラマン、記者の原稿《げんこう》をチェックするデスクや校閲者《こうえつしゃ》。とてもたくさんの人たちが、それぞれのポジションでひとつの番組《ばんぐみ》や記事に関《かか》わっている。

彼《かれ》らは機械《きかい》じゃない。人だから当然《とうぜん》間違《まちが》える。でもテレビの視聴者《しちょうしゃ》や新聞や本の読者《どくしゃ》は、たいていの場合《ばあい》はこれに気づかない。間違《まちが》いを信《しん》じ込《こ》んでしまう。そうすると、とても困《こま》ったことになる。

メディアが間違うとき

「松本《まつもと》サリン事件《じけん》」が起《お》きてから二五年以上も経《た》っている。だからあなたが、この事件《じけん》について知らなくても不思議《ふしぎ》はない。でもこの事件《じけん》は、これから僕《ぼく》が書くこの本のテーマに、とても重要《じゅうよう》な関《かか》わりがある。

一九九四年六月二七日の夕方から翌日《よくじつ》六月二八日の早朝にかけて、長野県松《ながのけんまつ》本《もと》市の住宅街《じゅうたくがい》で、猛毒《もうどく》ガスであるサリンが、何者《なにもの》かによって散布《さんぷ》され、七人が死亡《しぼう》するという大事件《だいじけん》が起きた。当然《とうぜん》のことだけど、日本社会は大きな衝撃《しょうげき》を受けた。一日も早く犯人《はんにん》を見つけて逮捕《たいほ》しなくてはならない。そんなプレッシャーに焦《あせ》った長野県警《ながのけんけい》は、被害者《ひがいしゃ》のひとりである河野義行《こうのよしゆき》さんを重要参考人《じゅうようさんこうにん》とした。重要参考人《じゅうようさんこうにん》の意味は、「おそらく犯人《はんにん》と思われる人」だ。理由《りゆう》は彼《かれ》が第一通報者《だいいちつうほうしゃ》だったことと、自宅《じたく》に大量《たいりょう》の薬物《やくぶつ》が保管《ほかん》されていたからだ。

事件発生《じけんはっせい》の翌日《よくじつ》、長野県警捜査《ながのけんけいそうさ》一課長《かちょう》は記者会見で、「第一通報者宅《だいいちつうほうしゃたく》を殺人《さつじん》容疑《ようぎ》で家宅捜索《かたくそうさく》した」と発表する。これを聞いたテレビや新聞は一斉《いっせい》に、河野《こうの》さんが犯人《はんにん》であるかのような報道《ほうどう》を始《はじ》めた。

たとえば六月二九日の朝日《あさひ》新聞の見出しには、こう書かれている。

「会社員宅《たく》から薬品押収《おうしゅう》、農薬調合《のうやくちょうごう》に失敗《しっぱい》か、松本《まつもと》ガス中毒《ちゅうどく》」

毎日《まいにち》新聞はもう少し具体的《ぐたいてき》だ。

「第一通報者宅《だいいちつうほうしゃたく》を家宅捜索《かたくそうさく》『調合《ちょうごう》、間違《まちが》えた』救急隊《きゅうきゅうたい》に話す——松本《まつもと》のガス中《ちゅう》毒死《どくし》」

どちらも一面で大きな見出しだ。これを読めば誰《だれ》だって、この第一通報者《だいいちつうほうしゃ》の会社員、つまり河野《こうの》さんが、毒《どく》ガスを作ったと思うだろう。新聞だけじゃない。テレビも当然《とうぜん》のようにトップニュースだ。内容はやっぱり、河野《こうの》さんが犯人《はんにん》であるかのような報道《ほうどう》だった。

複数《ふくすう》のメディアが、サリンで被害《ひがい》を受けた河野《こうの》さんが病院《びょういん》に運《はこ》ばれる際《さい》に、

「自宅《じたく》で除草剤《じょそうざい》を作ろうとして調合《ちょうごう》に失敗《しっぱい》した」と話していたと報道《ほうどう》した。もちろん本当は犯人《はんにん》じゃない河野《こうの》さんが、そんなことを言うはずはない。それに少し調べさえすれば、農薬《のうやく》や除草剤《じょそうざい》からサリンなど作れないことはすぐわかる。でもメディアはそんな最低限《さいていげん》の検証《けんしょう》すらしなかった。河野《こうの》さんを「毒《どく》ガス男」と呼《よ》び、「毒《どく》ガス事件発生源《じけんはっせいげん》の怪奇家系図《かいきかけいず》」という見出しで、河野家《こうのけ》の家系図《かけいず》を掲載《けいさい》した週刊誌《しゅうかんし》もあった。いくら何でもこれはひどい。

結局《けっきょく》、河野《こうの》さんが犯人《はんにん》であるかのような報道《ほうどう》は、オウム真理教《しんりきょう》という宗教《しゅうきょう》団体の信者《しんじゃ》たちがサリンをまいた真犯人《しんはんにん》であると判明《はんめい》する翌年《よくねん》まで、およそ半年にわたって続《つづ》いた。そのあいだ河野《こうの》さんは、メディアによって河野《こうの》さんが犯《はん》人《にん》だと思い込《こ》んだたくさんの見知らぬ人たちから、嫌《いや》がらせの電話や脅迫《きょうはく》までされながら、自分は無罪《むざい》であると必死《ひっし》に訴《うった》えていた。

本当は潔白《けっぱく》な人が、犯罪者《はんざいしゃ》とされることを「冤罪《えんざい》」という。

実《じっ》のところ、冤罪《えんざい》はめずらしいことじゃない。なぜなら警察《けいさつ》や検察《けんさつ》などの捜《そう》査機関《さきかん》は「人」だからだ。確《たし》かに彼《かれ》らは捜査《そうさ》のプロだけど、人であるかぎりは、必《かなら》ず過《あやま》ちを犯《おか》す。

そしてメディアも、捜査機関《そうさきかん》以上に過《あやま》ちを犯《おか》す。河野《こうの》さんの場合《ばあい》は、たまたま真犯人《しんはんにん》が見つかったからよかったけれど、世の中には、同じようなケースで犯罪者《はんざいしゃ》とされてしまった人はたくさんいる。

警察《けいさつ》は間違《まちが》える。なぜなら人だから。そしてメディアも間違《まちが》える。やっぱり人だから。

無実の人が犯人に？

事件《じけん》から二年後、河野《こうの》さんはこんなことを言っている。

……マスコミが〝河野《こうの》が犯人《はんにん》である〟との予断《よだん》、結論《けつろん》というものを先にもち、それを補強《ほきょう》する材料《ざいりょう》を探《さが》してつけていく。そして、誰《だれ》もが〝河野《こうの》が犯人《はんにん》である〟と思うような記事をつくっていく。こういうパターンは昔から変《か》わっていない手法《しゅほう》だと思います。

いつの間《ま》にか、いろんな新聞や週刊誌《しゅうかんし》を見ている人が、〝犯人《はんにん》はこいつしかいないんだ〟という確信《かくしん》をもってしまうようになります。そして、会ったこともない人が〝あいつが犯人《はんにん》だ〟〝警察《けいさつ》はなんで逮捕《たいほ》しないんだ〟というような世論《よろん》ができあがっていきます。

この世論《よろん》が、まさに冤罪《えんざい》をつくる要素《ようそ》の一つなのです。この事件《じけん》で、私《わたし》がことあるごとに訴《うった》えてきたことは、冤罪《えんざい》の加担者《かたんしゃ》にならないでほしい、ということです。マスコミはすべて事実《じじつ》の報道《ほうどう》をしているわけではない。情報操作《じょうほうそうさ》された報道《ほうどう》もたくさんあります。そういうことをふまえて、自分で判断《はんだん》して読んでほしいと思います。そうしないと、報道被害《ほうどうひがい》というものが起こってくるのです。

（『松本《まつもと》サリン事件報道《じけんほうどう》の罪《つみ》と罰《ばつ》』河野義行《こうのよしゆき》／浅野健一《あさのけんいち》著、第三文明社、一九九六年）


河野《こうの》さんのケースは、実《じつ》は特別《とくべつ》なことじゃない。僕《ぼく》らが気づいていないだけで、冤罪《えんざい》で苦《くる》しんでいる人は、他《ほか》にもおおぜいいるかもしれない。

警察出身《けいさつしゅっしん》で代議士《だいぎし》になった亀井静香《かめいしずか》元衆議院議員《しゅうぎいんぎいん》は、「死刑廃止《しけいはいし》を推進《すいしん》する議員連盟《ぎいんれんめい》」の会長《かいちょう》だった。テレビでこの人を見たことがある人もいるかもしれない。一見《いっけん》こわそう。でも話すと意外と愛嬌《あいきょう》のある人だ。とてもコワモテな政治家《せいじか》のイメージがある彼《かれ》が、なぜ死刑廃止《しけいはいし》を訴《うった》えるのか、不思議《ふしぎ》に思った僕《ぼく》は、理由《りゆう》を直接《ちょくせつ》聞いたことがある。

「議員《ぎいん》になる前、私《わたし》は警察《けいさつ》に一五年ほどいましたから」

亀井議員《かめいぎいん》（当時《とうじ》）は言った。

「だから冤罪《えんざい》がとても多いことを、身《み》をもって知っています。無実《むじつ》の人を死《し》刑《けい》にしてしまって、あとから『間違《まちが》いでした』では取り返しがつきません。これがまず、私《わたし》が死刑《しけい》に反対する理由《りゆう》のひとつです」

死刑廃止運動《しけいはいしうんどう》を始《はじ》めてから、「あなたは悪い人の味方《みかた》をするのか」と亀井《かめい》さんはよく批判《ひはん》されるそうだ。でも現実《げんじつ》には、誰《だれ》が正しくて誰《だれ》が間違《まちが》っているかなんて、そう簡単《かんたん》にはわからない。死刑制度《しけいせいど》については、これとは別《べつ》に一冊《いっさつ》の本を書きたいくらい、あなたに考えてもらいたいことがあるけれど、今は死刑《しけい》の話ではなく冤罪《えんざい》の話だ。もしも警察《けいさつ》が間違《まちが》えたら、メディアがそれを訂正《ていせい》すればいい。理屈《りくつ》はそうだ。でも実際《じっさい》には、なかなかそうはいかない。

松本《まつもと》サリン事件《じけん》のときには、もしも真犯人《しんはんにん》が現《あらわ》れなかったら、河野《こうの》さんはずっとメディアによって犯人《はんにん》とされていたかもしれない。確《たし》かに最初《さいしょ》に間違《まちが》えたのは警察《けいさつ》だ。でも警察《けいさつ》の発表《はっぴょう》を信《しん》じ込《こ》んで、その間違《まちが》いを日本中に広めたのはメディアだ。

間違いを信じないために

もうひとつ例《れい》を挙《あ》げよう。

二〇〇四年の八月、栃木県《とちぎけん》に暮《く》らすひとりの男性が、宇都宮東署《うつのみやひがししょ》に暴行《ぼうこう》の容疑《ようぎ》で逮捕《たいほ》された。取《と》り調《しら》べの際《さい》にこの男性は、同年四月と五月に宇都宮《うつのみや》市内で起きた二件の強盗事件《ごうとうじけん》の真犯人《しんはんにん》であることを自供《じきょう》したとして、裁判《さいばん》で懲役《ちょうえき》七年を求刑《きゅうけい》された。

ところが翌年《よくねん》の二月、別《べつ》の事件《じけん》で逮捕《たいほ》された男性が、二つの強盗事件《ごうとうじけん》についても自分が真犯人《しんはんにん》であることを自供《じきょう》して、最初《さいしょ》の男性は誤認逮捕《ごにんたいほ》（間違《まちが》えて逮《たい》捕《ほ》されること）であることが明《あき》らかになった。

どうしてこんな間違《まちが》いが起《お》きたのだろう。最初《さいしょ》に逮捕《たいほ》された男性は、重度《じゅうど》の知的障《ちてきしょう》がい者《しゃ》だった。取《と》り調《しら》べの際《さい》に、男性は犯行現場《はんこうげんば》の正確《せいかく》な見取り図を書いた。これが、男性が犯人《はんにん》であるという証拠《しょうこ》のひとつになったのだけど、その後の調《しら》べで、この見取り図は捜査官《そうさかん》が鉛筆《えんぴつ》で薄《うす》く書いた跡《あと》を、男性にペンでなぞらせたものであることなどが明《あき》らかになった。ひどい話だ。でもこんなことはめずらしくない。男性は法廷《ほうてい》で、やってもいない犯行《はんこう》をやったかのように自《じ》供《きょう》した理由として、「取《と》り調《しら》べ調書《ちょうしょ》に署名《しょめい》しなければ、警察署《けいさつしょ》から出られないと言われた」というようなことを証言《しょうげん》している。

河野《こうの》さんの場合《ばあい》も、この男性の場合《ばあい》も、たまたま真犯人《しんはんにん》がわかったから、犯《はん》人《にん》ではないことが明《あき》らかになった。もしも真犯人《しんはんにん》が見つからなかったら、実刑《じっけい》を受けたり、河野《こうの》さんの場合《ばあい》は刑務所《けいむしょ》にいるかもしれない。

警察《けいさつ》はこんなに間違《まちが》える。あるいは間違《まちが》いを隠《かく》そうとして、誰《だれ》かを罪《つみ》に陥《おとしい》れるときがある。検察官《けんさつかん》や弁護士《べんごし》だって間違《まちが》える。裁判官《さいばんかん》だって間違《まちが》える。そしてこれを伝《つた》えるメディアも間違《まちが》える。それを見たり聞いたりしたあなたも、当《とう》然《ぜん》ながら間違《まちが》える。

つまりメディアはあなたと同じ。時々思い込《こ》む。時々間違《まちが》える。でも間違《まちが》えるばかりでもない。栃木県《とちぎけん》の誤認逮捕《ごにんたいほ》のときは、彼《かれ》が無罪《むざい》であることが明白《めいはく》になってから、地元紙《じもとし》の下野新聞《しもつけ》は、なぜこんなことが起《お》きたのかを一生懸命《いっしょうけんめい》調査《ちょうさ》して、とても大きく報道《ほうどう》した。これもまたメディアの役割《やくわり》。

僕《ぼく》たちの世界観《かん》は、メディアによって作られる。だからメディアはとても大切だ。でもメディアは時おり間違《まちが》える。そしてその間違《まちが》えたメディアを読んだり見たり聞いたりした人たちは、とても簡単《かんたん》にそれを信《しん》じ込《こ》む。つまり間違《まちが》った世界観《かん》が、この世界に溢《あふ》れてしまう。それは困《こま》る。メディアにはその危険性《きけんせい》がある。

ならばどうすればよいのだろう。メディアが間違《まちが》えないようにすればいいのだけど、でもそれはさっきも言ったように不可能《ふかのう》だ。どんなに細心《さいしん》の注意《ちゅうい》を払《はら》っても、人は必《かなら》ず間違《まちが》える。ならばどうすればよい？　考えよう。制限時間《せいげん》は三〇秒。

考えた？　わからない？　だめだ。もう少し考えよう。あと二〇秒。

やっぱりわからない？　オーケー。答えが出るかどうかより、考えることが大切だ。

実《じつ》は、正解《せいかい》は僕《ぼく》にもわからない。

人はよく間違《まちが》いを犯《おか》す。もちろん僕《ぼく》も失敗《しっぱい》や間違《まちが》いばかりだ。だから正解《せいかい》なんてわからない。もしもこの世界が、算数の足し算や引き算のように単純《たんじゅん》にできているのなら、2＋3＝5のように僕《ぼく》も自信《じしん》をもって正解《せいかい》をあなたに伝《つた》えられるけれど、残念《ざんねん》ながらというか幸運《こううん》にもというか、この世界はそんなに単《たん》純《じゅん》にはできていない。だから僕《ぼく》もしょっちゅう間違《まちが》える。

でも僕《ぼく》は、少なくともあなたより経験《けいけん》は多い。失敗《しっぱい》の数も多いから後悔《こうかい》した数も多い。だから正解《せいかい》かどうかはわからないけれど、あなたにアドバイスはできる。そう思って聞いてほしい。

メディアが間違《まちが》うことが仕方《しかた》のないことならば、僕《ぼく》らがメディアについて知ればよい。メディアの仕組《しく》みについて知れば、少なくとも簡単《かんたん》に間違《まちが》いを信《しん》じてしまうことはなくなるはずだ。僕《ぼく》はそう思う。

あなたは？　反論《はんろん》はない？　オーケー。じゃあ進めよう。

間違《まちが》った世界観《かん》をもたないために、世界をきちんと知るために、情報《じょうほう》を伝《つた》える手段《しゅだん》となるメディアを知ること。知ってメディアを上手《じょうず》に使うこと。これをメディア・リテラシーという。

リテラシーの意味《いみ》？

それは次の章《しょう》で話そう。

第2章

ニュースを批判的に読み解こう

丸呑みしないで、よく噛もう

正しい世界観《かん》を身につけるためには、メディア・リテラシーが必要《ひつよう》になる。メディアの意味《いみ》は、第1章《しょう》で説明《せつめい》した。「情報《じょうほう》を伝《つた》える手段《しゅだん》」。つまりテレビやラジオ、新聞や本、そしてインターネット。

リテラシーの意味《いみ》は「識字《しきじ》」。難《むずか》しいね。「字を読んだり書いたりする能力《のうりょく》のこと」。この二つの言葉を合わせたメディア・リテラシーの意味《いみ》は、「メディアを批判的《ひはんてき》に読み解《と》く」とか、「メディアを主体的《しゅたいてき》に受け取る」という意味《いみ》になる。

「批判的《ひはんてき》に読み解《と》く」の意味《いみ》は、何でもかんでも信《しん》じ込《こ》まないで、いろんな視《し》点《てん》から考えること。

「主体的《しゅたいてき》に受け取る」の意味《いみ》は、情報《じょうほう》をそのまま受け取るだけじゃなくて、いろんな推理《すいり》や想像力《そうぞうりょく》を働《はたら》かせること。つまりぱくりと呑《の》み込《こ》むんじゃなくて、しっかりと噛《か》むこと。味をよく分析《ぶんせき》すること。

いろんな視点《してん》から考え、想像力《そうぞうりょく》を働《はたら》かせるためには、メディアが間違《まちが》える、その仕組《しく》みを知ればよい。一方的《いっぽうてき》に情報《じょうほう》を受け取るだけでなく、メディアの仕《し》組《く》みを知ることで、情報《じょうほう》に足りないところやおおげさなところがないか、考えたり想像《そうぞう》したりすることができる。何が足りなくて何がおおげさなのか、具体《ぐたい》的《てき》に突《つ》き止めることができなかったとしても、足りなかったりおおげさだったりする可能性《かのうせい》があることを知りながらメディアに接《せっ》すれば、間違《まちが》った世界観《かん》をもってしまう危険性《きけんせい》は、かなり少なくなる。

つまりメディア・リテラシーは、あなたが正しい世界観《かん》をもつために、メディアを有効《ゆうこう》に活用するための方法＝メソッドだ。

ラーメンが食べたくなる

ここまで読んだところで、「あれ？　ちょっと変《へん》だな」ともし思ったなら、あなたは相当《そうとう》に優秀《ゆうしゅう》だ。

そう。リテラシーの意味《いみ》は、「字を読んだり書いたりする能力《のうりょく》のこと」と僕《ぼく》は書いた。でもメディアには、新聞や本などの活字メディア以外に、テレビやラジオなどがある。

テレビは観《み》るものだし、ラジオは聴《き》くものだ。でもリテラシーの意味《いみ》は「識字《しきじ》」、つまり文字を読み書きする力。映像《えいぞう》を見たり音声《おんせい》を聞いたりするという要素《ようそ》は入っていない。なぜだろう？

この疑問《ぎもん》の答えは、とても重要《じゅうよう》なことに結《むす》びついている。でもその説明《せつめい》をする前に、メディアの危険性《きけんせい》について、もう少し話しておきたい。

メディアは、僕《ぼく》らが間違《まちが》った世界観《かん》をもってしまう危険性《きけんせい》をはらんでいる。新聞も本もテレビも、その可能性《かのうせい》がある。河野《こうの》さんの事件《じけん》のときには、テレビも新聞も雑誌《ざっし》も、すべてが河野《こうの》さんを犯人《はんにん》だと断定《だんてい》した。だからこの事件《じけん》は、メディア・リテラシーが必要《ひつよう》な事例《じれい》としてよく挙《あ》げられる。

メディアの仕組《しく》みは基本的《きほんてき》に同じだけど、特《とく》にテレビは、新聞や雑誌《ざっし》などの活字メディアよりも、メディア・リテラシーが重要《じゅうよう》だと言われている。その理《り》由《ゆう》をこれから説明《せつめい》しよう。

その前にひとつ質問《しつもん》。あなたは一日何時間テレビを観《み》る？

ＮＨＫ放送《ほうそう》文化研究所が二〇一八年一一月に実施《じっし》した調査《ちょうさ》によると、全国の七歳《さい》以上の人が一日にテレビを観《み》る時間の平均《へいきん》は三時間四三分。起《お》きている時間のうち、ほぼ四分の一はテレビを観《み》ている計算になる。もちろん平均《へいきん》だから、観《み》る人はもっと観《み》る。起《お》きている時間のうち半分以上は、テレビを観《み》ているという人も多いはずだ。

一日に新聞を四時間読む人はそういない。本だって毎日四時間読むのは大変《たいへん》だ。まあ実際《じっさい》には、ただ何となくテレビをつけている時間も、この三時間四三分のうちには含《ふく》まれている。テレビはこの、「ただ何となく」ができるメディアだ。家族や友人たちとおしゃべりをしながら観《み》ることができる。新聞や本はそうはいかない。でもその「ただ何となく」でも、テレビの影響力《えいきょうりょく》はとても強《つよ》い。

たとえばグルメ番組《ばんぐみ》。何となく観《み》ているうちに、番組《ばんぐみ》で紹介《しょうかい》されたラーメンや回転寿司《かいてんずし》を、猛然《もうぜん》と食べたくなったという経験《けいけん》はあなたにもあるだろう。

僕《ぼく》の知り合いでテレビによく出演《しゅつえん》する大学の先生は、街《まち》で知らない人に、「何やってるのよ、こんなところで?」と話しかけられることがよくあると言っていた。話しかけてきた人は、テレビで彼《かれ》を何度《なんど》も観《み》ているから、まるで知り合いのような気になっていたのだろう。

テレビの正式名称《めいしょう》はテレビジョン。tele（遠く）とvision（見るもの）の合成《ごうせい》語《ご》だ。遠くのものを見る。遠くばかりを見ているうちに、距離感《きょりかん》がわからなくなる。遠くなのにすぐ近くのように錯覚《さっかく》してしまう。だから他人でも、何となく知人のような感覚《かんかく》になる。それがテレビ。

要《よう》するに、いつも目に望遠《ぼうえん》レンズをはめているようなものだ。確《たし》かに遠くの景色《けしき》はよく見えるけれど、あまり夢中《むちゅう》になると足もとの小石につまずいてしまう。これがテレビ。とても便利《べんり》だけど、でも影響力《えいきょうりょく》があまりに強《つよ》いから、副《ふく》作用《さよう》もたくさんある。

二〇パーセントでも二四〇〇万人

一般的《いっぱんてき》な日本人が、とても長い時間テレビを観《み》ていることはわかった。次は数。どのくらいの数の人がテレビを観《み》ているのだろう。

視聴率《しちょうりつ》という言葉を、あなたも聞いたことがあると思う。テレビの視聴率《しちょうりつ》は、現在《げんざい》は全国二七地区で調査《ちょうさ》されている。関東《かんとう》地区九〇〇世帯《せたい》と、関西《かんさい》地区・名古屋《なごや》地区六〇〇世帯《せたい》、北部九州《ほくぶきゅうしゅう》地区四〇〇世帯《せたい》、それ以外《いがい》の地区四〇〇世帯《せたい》が調査《ちょうさ》の対象《たいしょう》とされている。

たとえば視聴率《しちょうりつ》一パーセントは、関東《かんとう》地区において一六万七〇〇〇世帯《せたい》が観《み》たという計算になる。これは個人視聴率《こじんしちょうりつ》では、三九万七九四〇人を意味する。視聴率《しちょうりつ》二〇パーセントの番組《ばんぐみ》は、関東《かんとう》地方だけでも八〇〇万近い人が観《み》たことになる。

関東《かんとう》地方の人口は日本全体のおよそ三分の一。ならば全国ネットの番組《ばんぐみ》で視《し》聴率《ちょうりつ》二〇パーセントは、日本全体で二四〇〇万人の人が観《み》たという計算になる。

二四〇〇万人。ものすごい数だ。メディアは他《ほか》にもたくさんあるけれど、少なくともマーケット（市場《しじょう》。情報《じょうほう》を受け取る人の数）に関《かん》するかぎり、テレビの規模《きぼ》は圧倒的《あっとうてき》に他《た》のメディアを引き離《はな》している。まったく別《べつ》のメディアと言い換《か》えてもいいくらいだ。たとえば本の場合《ばあい》、もしも一〇〇万部売れたら大ベストセラーだ。でもこれもテレビの視聴率《しちょうりつ》二〇パーセントの二四分の一。しかも一〇〇万部なんて本の場合《ばあい》は年に一冊か二冊くらいだけど、テレビは毎日だ。あるいは新聞の場合《ばあい》、世界一の発行部数といわれる読売《よみうり》新聞でも約八〇〇万部だ。

テレビは視聴《しちょう》する人の数が多くて、しかも観《み》る時間が長い。要《よう》するにマーケットが圧倒的《あっとうてき》に大きい。それはわかったね。でもそれだけじゃない。テレビの影響力《えいきょうりょく》が強《つよ》いいちばん大きな理由《りゆう》は、テレビが映像《えいぞう》であることだ。映像《えいぞう》の情報量《じょうほうりょう》は、活字《かつじ》とは比《くら》べものにならないくらいにとても多い。たとえば今あなたは、ある家族《かぞく》の日常《にちじょう》をテーマにしたドキュメンタリー番組《ばんぐみ》をテレビで観《み》ているとする。家族《かぞく》全員がリビングに集まって夕食をとっているシーンだ。画面《がめん》の中にはお父さんとお母さんがいる。子どもたちもいる。おじいさんやおばあさんもいるかもしれない。家族《かぞく》は次の日曜日に行われる子どもの運動会のことを話題《わだい》にしながら、楽しそうにすき焼《や》きを食べている。時間にすれば三〇秒ほどだ。

たったこれだけのシーンだけど、とてもたくさんの情報《じょうほう》が含《ふく》まれている。まずは会話によって展開《てんかい》するストーリー。これは普通《ふつう》の見方。でも画面《がめん》に登場《とうじょう》するおじいさんやおばあさんと近い世代《せだい》なら、観《み》ながらふと、「おやおや、あんな硬《かた》そうなお漬物《つけもの》を、あのおじいちゃんよくパリパリと食べられるなあ」と思うかもしれない。肉が最高級《さいこうきゅう》の松阪牛《まつさかぎゅう》であることに気づく人もいるかもしれない。あるいは陶器《とうき》に興味《きょうみ》がある人は、使われている茶碗《ちゃわん》や皿《さら》に発見があるかもしれない。インテリアを仕事《しごと》にしている人ならば、リビングの内装《ないそう》に興味《きょうみ》をもつかもしれない。あるいはBGMに使われた音楽に、心を奪《うば》われる人だっているかもしれない。

視点《してん》を少しだけ変《か》えれば、画面《がめん》に隠《かく》されているいろいろな情報《じょうほう》が現《あらわ》れる。活《かっ》字《じ》メディアの場合《ばあい》、情報《じょうほう》として提示《ていじ》できるのは会話と、多少の状況《じょうきょう》の描写《びょうしゃ》くらいだ。おじいちゃんの着ている服《ふく》のデザインや色、すき焼《や》き以外《いがい》に食卓《しょくたく》に載《の》っている料理《りょうり》、部屋《へや》の家具《かぐ》や調度品《ちょうどひん》の描写《びょうしゃ》までは普通《ふつう》しない。そこまで書き込《こ》むと大変《たいへん》なことになる。でも映像《えいぞう》は一瞬《いっしゅん》でそれができる。なぜなら映像《えいぞう》には、活《かつ》字《じ》とは比《くら》べものにならないくらい膨大《ぼうだい》な情報《じょうほう》が、ぎっしりとつまっているからだ。

つまりテレビは、情報量《じょうほうりょう》が多い分、圧倒的《あっとうてき》な影響力《えいきょうりょく》をもっている。

そのテレビは、いつ歴史《れきし》に登場したのだろう?

そして当時《とうじ》の人々に、どんな影響《えいきょう》を与《あた》えたのだろう?

リテラシーって何？

テレビの歴史《れきし》を考える前に、もう一度さっきの疑問《ぎもん》に戻《もど》ろう。

覚《おぼ》えている？

リテラシーという言葉の意味だ。「識字《しきじ》」だったね。つまり読み書きする能《のう》力《りょく》。テレビは映像《えいぞう》だしラジオは音声《おんせい》のメディア。それなのに、なぜリテラシーの意味には、「見る能力《のうりょく》」や「聞く能力《のうりょく》」が入ってないのだろう？

わかるかな。答えはとても単純《たんじゅん》。これまでの話の中に、少しだけヒントがあるよ。きっと誰《だれ》もが、「なーんだ、そんなことか」と言いたくなるような答えなのだけど。

考えよう。時間は無制限《むせいげん》。

今回は答えを簡単《かんたん》には教《おし》えないよ。少し考えよう。実《じっ》はこの「考える」ことも、リテラシーにとってはとても大事《だいじ》な要素《ようそ》だ。

わからない？　難《むずか》しいかな？　オーケー。じゃあ答えを言おう。でも約束《やくそく》してほしいのだけど、答えを聞いて、「なーんだ」と言うのはナシだよ。

テレビやラジオは、とても新《あたら》しいメディアなのだ。

ね、「なーんだ」と思うだろう。でもこれが答え。文字の歴史《れきし》はとても古い。テレビやラジオとは比《くら》べものにならない。

メソポタミア文明の遺跡《いせき》から、紀元前《きげんぜん》三二〇〇年ごろの楔形《くさびがた》文字を刻《きざ》んだ粘《ねん》土板《どばん》が発掘《はっくつ》されている。同じころの中国にも、文字らしきものはあったようだ。紀元前《きげんぜん》三〇〇〇年ごろのエジプトでは、ヒエログリフと呼《よ》ばれる象形《しょうけい》文字が使われていた。

今のところこのあたりが、世界最古《さいこ》の文字と呼《よ》ばれている。でも遺跡《いせき》が見つかっていないだけで、文字の始《はじ》まりはもっと古いかもしれない。とにかく文字の歴史《れきし》は、人類《じんるい》の文明が生まれるころと、ほぼ同時期《どうじき》と思っていい。

文明の発祥《はっしょう》とともにあった文字は、やがて大きな転機《てんき》を迎《むか》える。一五世紀《せいき》、ドイツのグーテンベルクが活版印刷《かっぱんいんさつ》の技術《ぎじゅつ》を発明した。ルネサンスの三大発明のひとつだ（ただし一一世紀《せいき》の中国でも、すでに活字《かつじ》を並《なら》べた組版《くみはん》による印刷《いんさつ》は行われていたようだ）。活版印刷《かっぱんいんさつ》は、とても重要《じゅうよう》な発明だった。なぜならこの技《ぎ》術《じゅつ》によって、それまではごく一部の特権階級《とっけんかいきゅう》の独占物《どくせんぶつ》だった書籍《しょせき》（本）が、広く普及《ふきゅう》するようになったからだ。世界で初《はじ》めての新聞が刷《す》られたのも、このころだ。

もちろんこの時代、テレビやラジオはまだ発明されていない。つまり当時《とうじ》の人たちにとってメディアとは、書かれたもの、読むものだった。だからリテラシーの意味は、「読み書き能力《のうりょく》」という説明《せつめい》で十分《じゅうぶん》だったのだ。

映画とラジオの誕生

ところがそのメディアの歴史《れきし》が、一九世紀末《せいきまつ》に大きく変《か》わる。

一八九五年、シネマトグラフという映写装置《えいしゃそうち》を発明したリュミエール兄弟《きょうだい》が、パリで初《はじ》めての映画《えいが》を上映《じょうえい》する。映画《えいが》といっても、兄弟《きょうだい》が経営《けいえい》する工場《こうじょう》の様子《ようす》などの短い映像《えいぞう》ばかりだったけれど、会場に足を運《はこ》んだ人たちにとっては、スクリーンに映《うつ》る光景《こうけい》は信《しん》じられないものだった。

このとき、機関車《きかんしゃ》がカメラに（つまり観客席《かんきゃくせき》に）向かって走ってくるシーンでは、ほとんどの観客《かんきゃく》が大あわてで会場から逃《に》げだしたというエピソードがある。コントのようだけど、でも考えたら当たり前だ。もしあなたが生まれて初《はじ》めて映像《えいぞう》を観《み》たとしたら、やっぱり同じようにあわてるはずだ。

この上映会《じょうえいかい》は大きな話題《わだい》となって、シネマトグラフは世界中に普及《ふきゅう》した。日本だって例外《れいがい》じゃない。リュミエール兄弟《きょうだい》が初《はじ》めて映画《えいが》を上映《じょうえい》してからたった二年後に、浅草《あさくさ》の劇場《げきじょう》では「活動写真《かつどう》」というネーミングで、シネマトグラフの上映《じょうえい》が行われていたほどだ。飛行機《ひこうき》などない時代だというのに、むちゃくちゃ早い。それほどに映画《えいが》は、大きな評判《ひょうばん》になったのだ。

こうして映画《えいが》は、庶民《しょみん》の新《あたら》しい娯楽《ごらく》として定着《ていちゃく》する。ラジオが誕生《たんじょう》したのは、映画《えいが》より少し遅《おく》れて一九二〇年。アメリカのピッツバーグで、初《はじ》めての実験放《じっけんほう》送《そう》が行われた。これもまた、あっというまに世界中の話題《わだい》となり、日本ではやはり二年後に実験放送《じっけんほうそう》が行われた。NHKの前身《ぜんしん》である東京放送局《とうきょうほうそうきょく》が開局《かいきょく》したのは、その三年後の一九二五年。

つまり映像《えいぞう》（映画《えいが》）と通信《つうしん》（ラジオ）という二つのメディアは、一九二〇年代後半には、世界に広がっていた。なぜ当時の人たちが、これほどに映画《えいが》とラジオに大きく反応《はんのう》したのか、その理由《りゆう》はわかるかな。

わからない？　じゃあヒントを出そう。

ヒント①二〇世紀初頭《せいきしょとう》までは、本や新聞などの活版印刷物《かっぱんいんさつぶつ》が唯一《ゆいいつ》のマスメディアだった。

ヒント②当時の世界の教育水準《きょういくすいじゅん》を考えよう。

どうかな。わかった人はいるかな。もしもあなたがわかったなら、ここから先は答え合わせのつもりで読んでほしい。

字が読めなくてもわかる

一九世紀末《せいきまつ》から二〇世紀初頭《せいきしょとう》にかけての時代、義務教育制度《ぎむきょういくせいど》は、まだほとんどの国で定着《ていちゃく》していなかった。つまりこの時代までは、文字を読める人は、ほんの一握《ひとにぎ》りだった。だからこそ本や新聞は、活版印刷技術《かっぱんいんさつぎじゅつ》が普及《ふきゅう》したとしても、多くの人にとっては意味をもたなかった。

つまり、その時代に生きる誰《だれ》もが情報《じょうほう》を共有《きょうゆう》することができるという意味でのマスメディアは、まだ誕生《たんじょう》していなかったのだ。

ところが映画《えいが》とラジオは、字を読めない人でもわかる。字を知らなくても、映像《えいぞう》を観《み》ることはできるし、ラジオのアナウンサーがしゃべることを聴《き》くことはできる。リテラシー（読み書き能力《のうりょく》）を必要《ひつよう》としない。誰《だれ》もが楽しめる。誰《だれ》もが理解《りかい》できる。

だから映画《えいが》とラジオは、初《はじ》めての文字通りのマスメディアとして、世界中に広がった。その影響力《えいきょうりょく》は、ルネサンス時代の活版印刷技術《かっぱんいんさつぎじゅつ》の発明どころの騒《さわ》ぎじゃない。そしてその結果《けっか》、世界は画期的《かっきてき》に変《か》わったんだ。

もちろんよいことはたくさんある。でも悪《わる》いこともある。そのひとつが、ファシズム（全体主義《ぜんたいしゅぎ》）という政治体制《せいじたいせい》が歴史《れきし》に現《あらわ》れたことだ。

星の王子さまも注意していた

映画《えいが》とラジオが世界中に広がりつつある一九二〇年代から三〇年代にかけて、世界はとても緊迫《きんぱく》した状況《じょうきょう》を迎《むか》えていた。イタリアとドイツ、そして日本という遠く離《はな》れた三つの国で、同時多発的《どうじたはってき》にファシズム（日本語では全体主義《ぜんたいしゅぎ》。意味《いみ》はあとで詳《くわ》しく説明《せつめい》する）が生まれ、周辺《しゅうへん》の国に脅威《きょうい》を及《およ》ぼしていたからだ。

あなたも読んだことがあるかもしれないけど、有名《ゆうめい》なある物語《ものがたり》の一部を引用《いんよう》しよう。

さて、王子さまの星には、おそろしい種《たね》がありました……。バオバブの種《たね》がありました。そして、星の地面は、その種《たね》の毒気《どつき》にあてられていました。バオバブというものは、早く追いはらわないと、もう、どうしても、根だやしするわけにゆかなくなるものです。星の上いちめんに、はびこります。その根で、星を突《つ》き通します。星が小さすぎて、バオバブがあまりたくさんありすぎると、そのために、星が破裂《はれつ》してしまいます。

王子さまは、もっとあとになって、ぼくにこういいました。

「きちょうめんにやればいいことだよ。朝のおけしょうがすんだら、念《ねん》入《い》りに、星のおけしょうしなくちゃいけない。バオバブの小さいのは、バラの木とそっくりなんだから、見わけがつくようになったら、さっそく、一つのこさず、ひっこぬかなけりゃいけない。とてもめんどくさい仕事《しごと》だけど、なに、ぞうさもないよ」

ある日、王子さまは、フランスの子どもたちが、このことをよく頭にいれておくように、ふんぱつして、一つ、りっぱな絵をかかないかとぼくにすすめました。「きみの国の子どもたちが、いつか旅行するとき、役にたつかもしれないからね。仕事《しごと》をあとにのばしたからといって、さしつかえのないこともあるさ。だけど、バオバブはほうり出しておくと、きっと、とんださいなんになるんだ。ぼくは、なまけものがひとり住んでた星を知っているけどね。その人は、まだ小さいからといって、バオバブの木を三本ほうりっぱなしにしておいたものだから……」

ぼくは、王子さまに教えてもらって、その星の絵をかきました。口はばったいことをいうのは、ぼく、きらいです。しかし、バオバブのけんのんなことは、ほとんど知られていませんし、星の世界で道に迷《まよ》うような人がいたら、その人はとても大きい危険《きけん》に出くわすことになります。ですから、ぼくは、一度だけ日ごろのえんりょをぬきにして、こういいましょう。〈おーい、みんな、バオバブに気をつけるんだぞ!〉

(『星の王子さま』サン=テグジュペリ、内藤濯《ないとうあろう》訳《やく》、岩波書店、一九六二年)

その星を壊《こわ》そうとしている三本のバオバブの木は、この本が書かれた当時《とうじ》、世界を壊《こわ》しかけていたファシズムを表していると言われている。

第一次世界大戦《だいいちじせかいたいせん》が終わったあと、まるでバオバブの種《たね》がまき散《ち》らされたかのように、世界のあちこちでファシズムが芽《め》を出した。スペインや南米諸国《なんべいしょこく》、東欧《とうおう》にも生まれたけれど、大きな木に成長したのはイタリアとドイツ、そして日本という三つの国だ。この三つは同盟関係《どうめいかんけい》にあり、枢軸国体制《すうじくこくたいせい》と言われていた。

さて、あなたはファシズムの意味《いみ》は知っている？　学校ではまだ習っていないかな。実《じっ》はこの定義《ていぎ》はとても難《むずか》しい。本気でやろうとしたら、それだけで一冊《いっさつ》の分厚《ぶあつ》い、しかも難解《なんかい》な本になる。だからできるだけ簡単《かんたん》に要約《ようやく》するよ。

ファシズムとは全体主義《ぜんたいしゅぎ》、あるいは権威主義《けんいしゅぎ》と訳《やく》される。多くの場合《ばあい》、次のような特色《とくしょく》をもつ。

①議会政治《ぎかいせいじ》（国民に選《えら》ばれた代表《だいひょう》たちが、国のルールや税金《ぜいきん》の使い道などを決め

るシステム）を否定《ひてい》し、一党独裁《いっとうどくさい》が多い。
②市民社会の自由を極度《きょくど》に抑圧《よくあつ》する。
③外国に対《たい》しては、侵略思想《しんりゃくしそう》になりがち。
④最高権力者《さいこうけんりょくしゃ》に対《たい》する絶対的《ぜったいてき》な服従《ふくじゅう》と、自分たちと異《こと》なる民族《みんぞく》への蔑視《べっし》（下に見ること）、権力《けんりょく》に異論《いろん》を唱《とな》える人々への過酷《かこく》な弾圧《だんあつ》も、よく見られる。

何となくイメージがつかめるかな？

軍国主義《ぐんこくしゅぎ》（軍事力《ぐんじりょく》を最優先《さいゆうせん》する考え方）時代の日本の政治体制《せいじたいせい》は、厳密《げんみつ》なファシズムとは微妙《びみょう》に違《ちが》うとの説《せつ》もある。まあ今のところは、「ハイル　ヒットラー！」と片手を挙《あ》げて敬礼《けいれい》をするナチスの将校《しょうこう》たちとか、「貴様《きさま》は非国民《ひこくみん》か！」と叫《さけ》びながら一般《いっぱん》の人を弾圧《だんあつ》する警察《けいさつ》とか、そんなイメージをもってくれればいい。それだけがファシズムではないけれど、完全《かんぜん》な間違《まちが》いでもない

（考えたらこんなイメージも、テレビや映画《えいが》で得《え》たものだね）。

戦争も起こせる

ファシズムとメディアの関係《かんけい》については、ナチスドイツを例《れい》に説明《せつめい》するのがわかりやすい。最高権力者《さいこうけんりょくしゃ》となったアドルフ・ヒトラーの指示《しじ》のもとに、国民啓蒙《こくみんけいもう》・宣伝省《せんでんしょう》が作られ、ヨゼフ・ゲッベルスというジャーナリスト志望《しぼう》だった軍人《ぐんじん》が、その大臣《だいじん》に任命《にんめい》された。

メディアを使って、特定《とくてい》の政治的《せいじてき》な思想《しそう》や考え方を宣伝《せんでん》することをプロパガンダという。映画《えいが》やラジオなどの新しいメディアも利用《りよう》しながら、ゲッベルスは国民に対して、さまざまなプロパガンダを行った。

第一次世界大戦《だいいちじせかいたいせん》で負けたドイツは、莫大《ばくだい》な賠償金《ばいしょうきん》を抱《かか》えていた。加《くわ》えて、世界恐慌《きょうこう》で経済的《けいざいてき》に打撃《だげき》を受けたドイツ国民は、経済《けいざい》の立て直しや外交《がいこう》で、次々に成功《せいこう》をおさめるヒトラーを熱狂的《ねっきょうてき》に支持《しじ》し、ナチス体制《たいせい》への移行《いこう》をあっさりと受け入れていった。

一九四五年、世界で六〇〇〇万人という膨大《ぼうだい》な犠牲者《ぎせいしゃ》を出した第二次世界大戦《だいにじせかいたいせん》は、枢軸国《すうじくこく》の敗戦《はいせん》で終了《しゅうりょう》した。ヒトラーやゲッベルスは自殺《じさつ》し、残《のこ》されたナチスドイツの幹部《かんぶ》たちは、戦争《せんそう》に勝った連合国側《れんごうこくがわ》が設置《せっち》したニュルンベルク裁判《さいばん》で裁《さば》かれた。

かつてヒトラーから後継者《こうけいしゃ》の指名《しめい》を受けていたナチスの最高幹部《さいこうかんぶ》ヘルマン・ゲーリングは、「なぜドイツはあれほどに無謀《むぼう》な戦争《せんそう》を始《はじ》めたのか」との裁判《さいばん》官《かん》の問《と》いに、以下のように答えている。

「もちろん、一般《いっぱん》国民は戦争《せんそう》を望《のぞ》みません。ソ連《れん》でもイギリスでもアメリカでも、そしてドイツでも同じです。そして国民はつねに、国の指導者《しどうしゃ》の言いなりになるように仕向《しむ》けられます。国民に向《む》かって、我々《われわれ》は攻撃《こうげき》されかかっているのだとあおり、平和主義者《へいわしゅぎしゃ》に対《たい》しては、愛国心《あいこくしん》が欠《か》けていると非難《ひなん》すればよいのです。このやり方はどんな国でも有効《ゆうこう》です」

「戦争屋《せんそうや》」とみんなから呼《よ》ばれていたゲーリングは死刑判決《しけいはんけつ》を受け、そのあとに刑務所《けいむしょ》で青酸《せいさん》カリを飲《の》んで自殺《じさつ》した。彼《かれ》のこの証言《しょうげん》は、戦争《せんそう》がなぜ起《お》きるかの本質《ほんしつ》を、とても的確《てきかく》に表している。

一般《いっぱん》の国民に対《たい》しては危機《きき》をあおり、そして政策《せいさく》に反対する平和主義者《へいわしゅぎしゃ》を非《ひ》難《なん》すればよい。そのためには「情報《じょうほう》を伝《つた》える手段《しゅだん》」が必要《ひつよう》だ。つまりメディアが必要《ひつよう》とされるのだ。

日本にもあったこと

ナチスは、六〇〇万人といわれる膨大《ぼうだい》な数のユダヤ人を虐殺《ぎゃくさつ》した。いわゆるホロコーストだ。それは歴史的事実《れきしてきじじつ》。でもよく聞いてほしい。一般《いっぱん》のドイツ国民も含《ふく》めて、彼《かれ》らが残虐《ざんぎゃく》だったからそんなことができたわけじゃない。一九三〇年代のドイツに、たまたま残虐《ざんぎゃく》で凶暴《きょうぼう》な国民ばかりがいたわけじゃない。そんなことはありえない。ひとりひとりは、よき家庭人《かていじん》であり、両親《りょうしん》思いの息子《むすこ》であり、普通《ふつう》に喜怒哀楽《きどあいらく》のある、当たり前の人たちだった。

でも人は集団《しゅうだん》になったとき、時おりとんでもない過《あやま》ちを犯《おか》してしまう。集団《しゅうだん》に自分の意思《いし》をあずけてしまう。これも歴史的事実《れきしてきじじつ》。このスイッチが入るとき、つまり集団《しゅうだん》が暴走《ぼうそう》するとき、メディアはこれ以上《いじょう》ないほどの拡散装置《かくさんそうち》となる。特《とく》に、字を読む必要《ひつよう》がない映像《えいぞう》やラジオは、悲《かな》しみや喜《よろこ》び、怒《いか》りや憎《にく》しみなど、人の感情《かんじょう》をとても強く、直接的《ちょくせつてき》に刺激《しげき》する。

もちろん、活字《かつじ》メディアにもこの危険性《きけんせい》はある。明治維新《めいじいしん》で成立《せいりつ》した明治政《めいじせい》府《ふ》が国民の教育《きょういく》に熱心《ねっしん》だった日本の場合《ばあい》、文字を読める人の割合《わりあい》は、世界の平《へい》均《きん》よりは少しだけ高かった。映画《えいが》やラジオが戦争推進《せんそうすいしん》に大きな役割《やくわり》を果たしたことは事実《じじつ》だけど、新聞も多くの人に読まれていた。そしてこの新聞が、「今戦線《せんせん》を拡大《かくだい》しなければ自分たちの領土《りょうど》を守れない」と読者《どくしゃ》の危機意識《ききいしき》を刺激《しげき》した。だから当時《とうじ》の日本国民は、陸軍《りくぐん》が中国大陸《たいりく》に侵攻《しんこう》することを、とても熱狂的《ねっきょうてき》に応援《おうえん》した。

テレビの誕生

第二次世界大戦《だいにじせかいたいせん》が終わり、イタリア・ドイツ・日本は敗戦国《はいせんこく》となった。でもプロパガンダは消えなかった。今《こん》度《ど》は冷戦《れいせん》が始《はじ》まった。ソ連《れん》を中心とした共産主義陣営《きょうさんしゅぎじんえい》と、アメリカを中心とした資本主義陣営《しほんしゅぎじんえい》では、自国民に対し

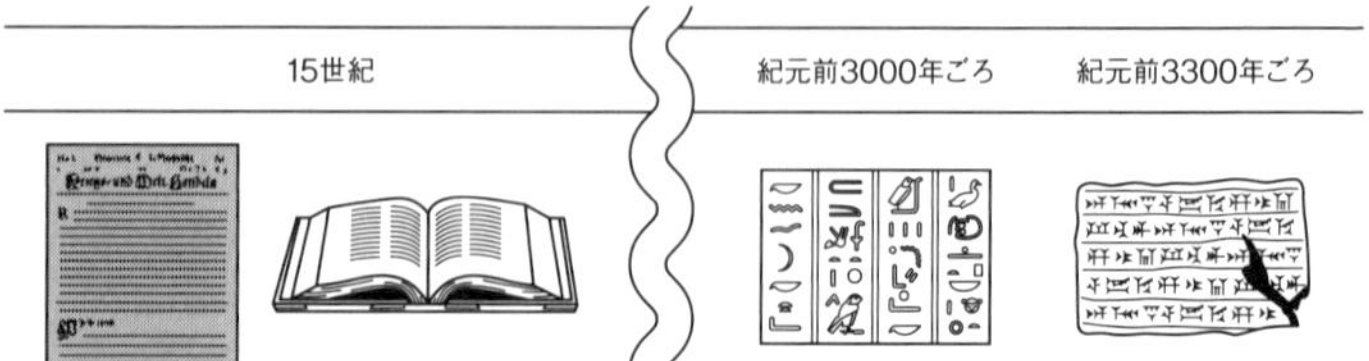

てのさまざまなプロパガンダが行われた。日本だって例《れい》外《がい》ではない。

二〇世紀末《せいきまつ》には冷戦《れいせん》も終わった。でもプロパガンダの時代は、今も続《つづ》いている。過去形《かこけい》じゃない。むしろ激《はげ》しくなっている。三本のバオバブの木はとりあえずは切り倒《たお》されたけれど、その大きな栄養《えいよう》となった映画《えいが》とラジオは、その後も世界に残《のこ》された。それどころじゃない。この二つは融合《ゆうごう》してひとつになった。それが何だかわかるよね。

テレビだ。

日本では戦後《せんご》の一九五三年、テレビ放送《ほうそう》が開始《かいし》された。当初《とうしょ》は受像機《じゅぞうき》の値段《ねだん》が高かったため、駅《えき》や公園《こうえん》などに設《せっ》置《ち》された街頭《がいとう》テレビにおおぜいの人が集《あつ》まった。それか

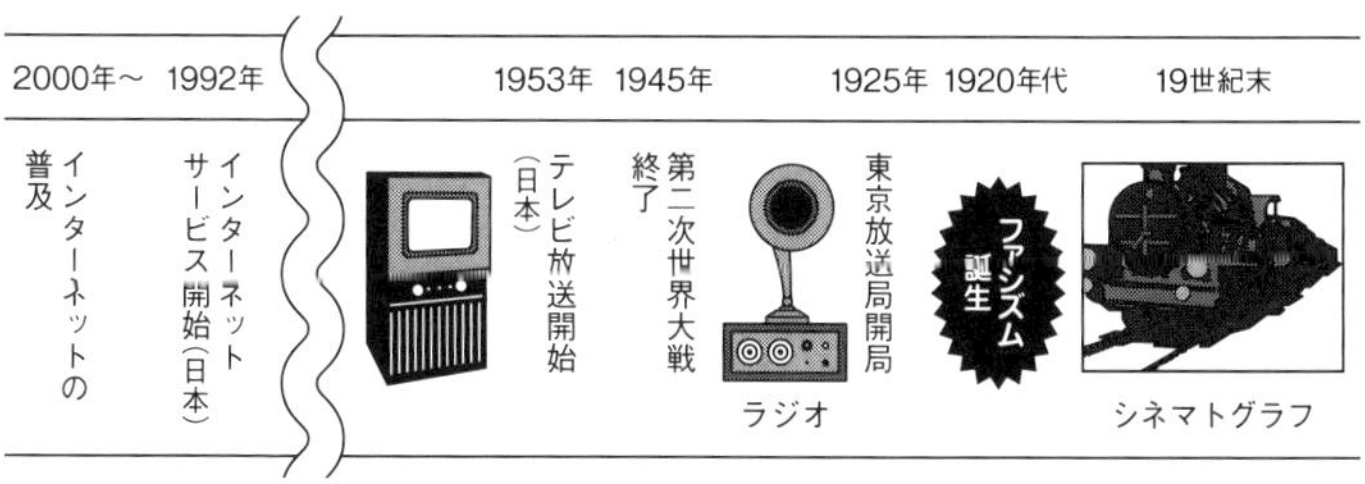

ら一家《いっか》に一台、個人《こじん》に一台、テレビをもつ時代を経《へ》て、二〇〇〇年代にはパソコンやスマートフォンで、インターネットを見《み》る人も急増《きゅうぞう》した。

いずれにしても今あなたは、家にいながら世界の反対側《がわ》でこの瞬間《しゅんかん》起きていることを、実際《じっさい》の映像《えいぞう》として見ることができる。リュミエール兄弟《きょうだい》が初《はじ》めてパリで上映会《じょうえいかい》を行ったとき、機関車《きかんしゃ》の映像《えいぞう》に観客《かんきゃく》がパニックになったころを考えれば、まるで夢《ゆめ》のような進化《しんか》だ。

だからこそ注意《ちゅうい》してほしい。考えてほしい。メディアはこわい。使い方を誤《あやま》ると、たくさんの人が死ぬ。メディアの情報《じょうほう》を何の疑《うたが》いもなくそのまま受け入れてしまうと、人を殺《ころ》し、そして自分も殺《ころ》されることになる状況《じょうきょう》を呼《よ》び寄《よ》せてしまう可能性《かのうせい》がある。

人はそこまで愚《おろ》かじゃないと言う人もいる。僕《ぼく》もそう思いたい。でも歴史《れきし》はこれを証明《しょうめい》している。メディアによって危機《きき》をあおられたとき、人は簡単《かんたん》に思《し》考《こう》を停止《ていし》してしまう。普通《ふつう》だったらとてもできないようなことを、いとも簡単《かんたん》にやってしまう。同じことを繰《く》り返《かえ》さないと信《しん》じたいけれど、メディアそのものは、かつてのころとは比較《ひかく》にならないほどに進化《しんか》している。つまり、より巧《こう》妙《みょう》なプロパガンダが、やる気になれば簡単《かんたん》にできる。

クウェートの少女と水鳥

第1章《しょう》で僕《ぼく》は、メディアも間違《まちが》えることがあるとあなたに言った。まずはそれを知ってほしい。でも次に、たとえ間違《まちが》いではなくても、メディアの報《ほう》じ方によって、受ける印象《いんしょう》はまったく違《ちが》ってくるということを知ってほしい。

イラク戦争《せんそう》のことは、知っているかな。二〇〇三年、イラクのサダム・フセイン政権《せいけん》が大量《たいりょう》破壊《はかい》兵器《へいき》を保有《ほゆう》しているという疑《うたが》いで、アメリカとイギリスの軍隊《ぐんたい》がイラクを攻撃《こうげき》した戦争《せんそう》だ。イラクの民間人《みんかんじん》が少なくとも一〇万人以上、アメリカとイギリスの兵士《へいし》四八〇〇人が犠牲《ぎせい》になった。

この戦争《せんそう》には伏線《ふくせん》がある。一九九一年の湾岸戦争《わんがんせんそう》だ。その前年の八月、イラクが隣国《りんごく》のクウェートに侵攻《しんこう》したことが、この戦争《せんそう》の直接的《ちょくせつてき》なきっかけだった。けれど、イラクが石油資源《せきゆしげん》を狙《ねら》って隣国《りんごく》に侵攻《しんこう》するという暴挙《ぼうきょ》に出るような国であっても、一般《いっぱん》のアメリカ人としては、できれば戦争《せんそう》は避《さ》けたいと考えることが当たり前だった。

ところがイラクによるクウェート侵攻《しんこう》の二カ月後、アメリカに呼《よ》ばれたクウェートの少女が、イラク兵《へい》が病院《びょういん》で赤ちゃんを床《ゆか》にたたきつけたなどと涙《なみだ》ながらに訴《うった》えて、戦争《せんそう》に疑問《ぎもん》を抱《いだ》いていたアメリカの世論《よろん》は、一気にイラクをこらしめるべき、という方向に転《てん》じた。

また戦争時《せんそうじ》、海岸《かいがん》で油《あぶら》にまみれた水鳥《みずとり》の映像《えいぞう》が、盛《さか》んにアメリカのテレビで放映《ほうえい》された。アメリカだけじゃない。世界中（もちろん日本も含《ふく》めて）のテレビで放映《ほうえい》された。憎《にく》むべきフセインは、こうした環境破壊《かんきょうはかい》も行っている。そんなイメージを刷《す》り込《こ》まれたアメリカ国民は、この戦争《せんそう》の正しさを信《しん》じ込《こ》んだ。

こうしてアメリカを中心とする、多国籍軍《たこくせきぐん》によるイラクへの空爆《くうばく》が始《はじ》まった。

あとでわかったことだけど、議会《ぎかい》で証言《しょうげん》した少女は、アメリカに置《お》かれたクウェート大使館《たいしかん》に勤務《きんむ》する大使《たいし》の娘《むすめ》だった。もちろんイラクの侵攻時《しんこうじ》にはクウェートにはいない。要《よう》するに彼女《かのじょ》の涙《なみだ》の訴《うった》えはお芝居《しばい》だったわけだ。

でもメディアはだまされた。だから一般《いっぱん》の国民もだまされた。そして空爆《くうばく》が始《はじ》まり、たくさんの市民《しみん》が殺《ころ》された。

同じように油《あぶら》にまみれた水鳥《みずとり》の映像《えいぞう》も、実《じつ》はイラクとはまったく関係《かんけい》のないタンカー事故《じこ》のときに撮《と》られた映像《えいぞう》であることが、戦争《せんそう》が終わったあとに明《あき》らかになった。メディアはこの映像《えいぞう》を使いながら「イラクは重油《じゅうゆ》を大量《たいりょう》に流出《りゅうしゅつ》させて周囲《しゅうい》の環境《かんきょう》に深刻《しんこく》な影響《えいきょう》を与《あた》えている」と訴《うった》えたけれど、その後の調査《ちょうさ》で、むしろ油田《ゆでん》を破壊《はかい》したのはアメリカ軍《ぐん》のミサイルであることもわかってきた。

少女の場合《ばあい》は、メディアもだまされた。でも水鳥《みずとり》の映像《えいぞう》の場合《ばあい》は、これがイラクとは関係《かんけい》ないことを何となく知りながら、使うメディアがかなりあったようだ。だから間違《まちが》えたわけじゃない。もちろん裏《うら》には戦争したいアメリカ政府《せいふ》の圧力《あつりょく》や操作《そうさ》があった。つまりプロパガンダだ。

決《けっ》して昔話じゃない。いつの世にもプロパガンダはある。そしてメディアが発達《はったつ》すればするほど、その影響力《えいきょうりょく》は大きくなる。

メディア・リテラシーはなぜ必要《ひつよう》？

誰《だれ》の役《やく》に立つの？

もしあなたが、そんな疑問《ぎもん》をもつのなら、こう考えてほしい。

誰《だれ》かのためじゃない。僕《ぼく》のためだ。あなたのためだ。あなたとあなたの家族《かぞく》、そしてこの地球《ちきゅう》に生きているすべての人のためだ。

どうして僕《ぼく》やあなたのためなのか？

次の章《しょう》で考えていこう。

第 3 章

きみが知らない
メディアの仕組み

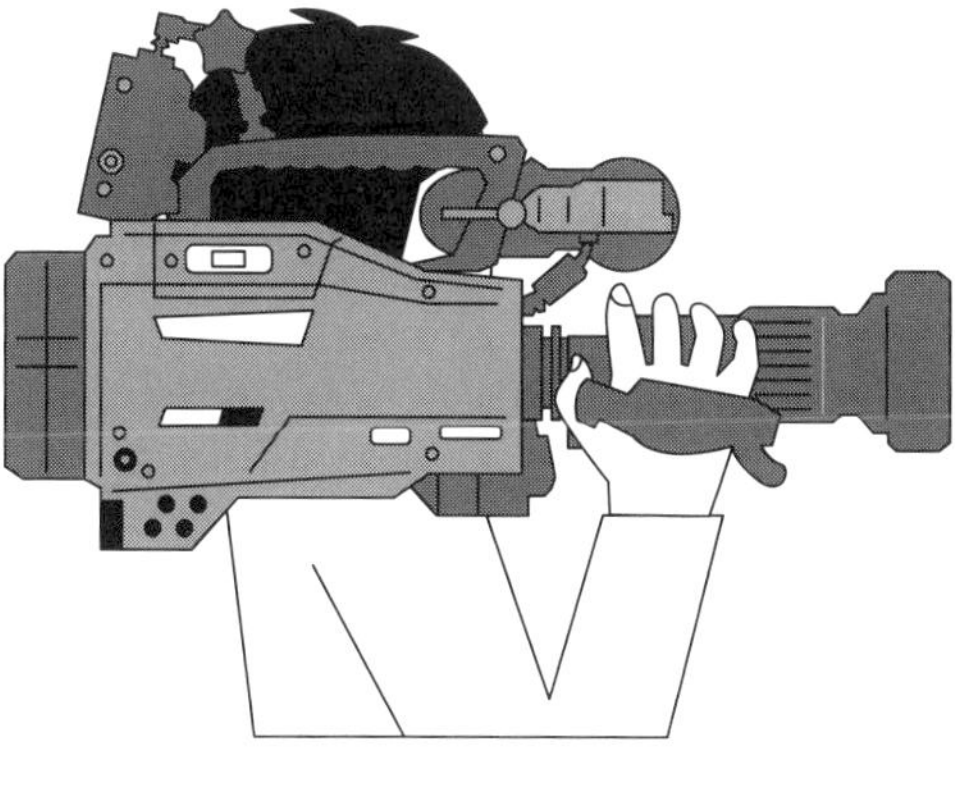

僕がクビになった理由

メディアはこわい。場合《ばあい》によっては人が死ぬ。それも大量《たいりょう》に。だからこそリテラシーは重要《じゅうよう》だ。そこまではわかってくれたかな。

じゃあ理論《りろん》の次は実践《じっせん》だ。

リテラシーを身《み》につけるためには、具体的《ぐたいてき》にはどうすればよいのだろう？

これについて書くにあたって、まずは僕《ぼく》の自己紹介《じこしょうかい》から始《はじ》めようと思う。なぜなら僕《ぼく》自身のこれまでの人生が、メディア・リテラシーにとても強《つよ》い関《かか》わりがあるからだ。

前の章《しょう》で僕《ぼく》は、「テレビは特《とく》にこわいメディアだ」と書いた。そしてこの僕《ぼく》自身は、実《じっ》はテレビメディアの人間だ。テレビの仕事《しごと》を一〇年ほどやってから、映画《えいが》を作り、そのあとは本を書くことが多くなった。でも今も、テレビから引《いん》退《たい》したつもりはない。

映画《えいが》を撮《と》り始《はじ》めたのは、今から二〇年以上前。一九九五年だ。制作資金《せいさくしきん》や配《はい》給《きゅう》などのすべてを、自分たちでまかなう自主制作《じしゅせいさく》のドキュメンタリー映画《えいが》だった。タイトルは「A」。

松本《まつもと》サリン事件《じけん》のとき、警察《けいさつ》とメディアによって被害者《ひがいしゃ》であるはずの河野義《こうのよし》行《ゆき》さんが犯人《はんにん》のように扱《あつか》われたことは、第1章《しょう》で書いたね。

この事件《じけん》の翌年《よくねん》、一九九五年三月二〇日。朝《あさ》の通勤《つうきん》時間で混《こ》み合う地下鉄《ちかてつ》の車内《しゃない》に猛毒《もうどく》ガスであるサリンがまかれた。乗客《じょうきゃく》や駅員《えきいん》一三名が亡《な》くなり、六〇〇〇人以上の人が負傷《ふしょう》した。地下鉄《ちかてつ》サリン事件《じけん》だ。実行犯《じっこうはん》はオウム真理教《しんりきょう》の信《しん》者《じゃ》たち。前年《ぜんねん》に松本《まつもと》でサリンをまいたのもオウム真理教《しんりきょう》の信者《しんじゃ》たちだったことがわかって河野義行《こうのよしゆき》さんの潔白《けっぱく》が完全《かんぜん》に証明《しょうめい》されたけれど、世界的にも前代未《ぜんだいみ》聞《もん》の無差別殺人事件《むさべつさつじんじけん》で、日本の社会全体にとても大きなショックを与《あた》えた。

僕《ぼく》が撮影《さつえい》した「A」は、そのサリン事件で、たくさんの人を殺害《さつがい》したオウム真理教《しんりきょう》の信者《しんじゃ》を被写体《ひしゃたい》（撮影《さつえい》の対象《たいしょう》とする人やもの）にしたドキュメンタリーだ。

実《じつ》はこの映画《えいが》は、最初《さいしょ》はテレビで番組《ばんぐみ》として放送《ほうそう》する予定だった。でも「オウム真理教《しんりきょう》の信者《しんじゃ》を絶対悪《ぜったいあく》として描《えが》け」とのテレビ局上層部《じょうそうぶ》の指示《しじ》に、どうしても納得《なっとく》できない僕《ぼく》は、結果的《けっかてき》に当時所属《とうじしょぞく》していた番組制作会社《ばんぐみせいさくがいしゃ》から、契《けい》約《やく》を解除《かいじょ》されることになる。つまりクビだ。

メディアジャック

地下鉄《ちかてつ》サリン事件《じけん》が起《お》きてからの日本のメディアは、まさしくオウム一色《いっしょく》だった。新聞は毎日一面で事件《じけん》の推移《すいい》を伝《つた》え、号外《ごうがい》はしょっちゅう出る。雑誌《ざっし》も毎週《まいしゅう》のようにオウム特集《とくしゅう》で、増刊号《ぞうかんごう》もたくさん出た。テレビはレギュラー番《ばん》組《ぐみ》を打ち切って、朝から晩《ばん》までオウムの特番《とくばん》ばかり。それも一週間や二週間じゃない。何カ月もそんな状態《じょうたい》が続《つづ》いていた。

このころの（今もだけれど）メディアは、史上最悪《しじょうさいあく》の宗教《しゅうきょう》団体としてオウムを描《えが》いていた。確《たし》かに事件《じけん》それ自体《じたい》は凶悪《きょうあく》そのものだ。でも、撮影《さつえい》の打合せのためにオウム施設《しせつ》を訪《おとず》れたとき、そこで出会ったおおぜいのオウム信者《しんじゃ》は、ひとり残《のこ》らず善良《ぜんりょう》で、優《やさ》しくて、気弱《きよわ》そうな人たちだった。僕《ぼく》は混乱《こんらん》した。世間《せけん》ではマインドコントロールされた凶悪《きょうあく》な殺人集団《さつじんしゅうだん》と思われている彼《かれ》らは、殺生《せっしょう》を固《かた》く禁《きん》じられ、世界の平和を本気で願《ねが》う人たちだった。

だからテレビ局上層部《じょうそうぶ》の「絶対悪《ぜったいあく》としてオウムを描《えが》け」との指示《しじ》に、僕《ぼく》はどうしても従《したが》えなかった。凶暴《きょうぼう》な殺人集団《さつじんしゅうだん》がやった史上最悪《しじょうさいあく》の事件《じけん》としてだけ報《ほう》じるならば、事件《じけん》の本質《ほんしつ》にはたどり着《つ》けない。優《やさ》しくて善良《ぜんりょう》で純粋《じゅんすい》な彼《かれ》らが、なぜあんな凶悪《きょうあく》な事件《じけん》を起《お》こしたのか、それを考えるべきなのだ。

でも結果《けっか》として、僕《ぼく》は「オウムを擁護《ようご》する危険《きけん》なディレクター」として、番《ばん》組制作会社《ぐみせいさくがいしゃ》から契約《けいやく》を解除《かいじょ》された。オウムの信者《しんじゃ》たちが普通《ふつう》に笑《わら》ったり話したりしているシーンは、テレビで放送《ほうそう》することが難《むずか》しかったのだ。

つまり彼《かれ》らの「人間らしさ」を描《えが》くことは、テレビなどのマスメディアでは、何となく「やってはいけないこと」とされていた。それで仕方《しかた》なく、僕《ぼく》はこの作品を自主制作映画《じしゅせいさくえいが》にした。予算《よさん》がないからプロのカメラマンを頼《たの》むことができない。だから自分でカメラを回した。編集《へんしゅう》も音楽も自分でやった。自ら選《えら》んだことじゃない。他《ほか》にどうしようもないから仕方《しかた》なくだ。でもテレビというメディアから離《はな》れてこの映画《えいが》を作る過程《かてい》で、僕《ぼく》はとてもたくさんの経験《けいけん》をした。

そして、それまでの自分が、とても大きな勘違《かんちが》いをしていたことに気がついた。

今日のトップニュース

それまで僕《ぼく》は、テレビ報道《ほうどう》にとっていちばん大事《だいじ》なことは、「公正中立《こうせいちゅうりつ》」だと考えていた。公正《こうせい》であること、そして中立《ちゅうりつ》であることが、メディアの何よりも重要《じゅうよう》な基本《きほん》だと考えていた。先輩《せんぱい》たちからもそう教《おし》えられた。

でもオウムの施設《しせつ》の中で、たったひとりでカメラを回しながら、僕《ぼく》は自分のこの思い込《こ》みが、とんでもない勘違《かんちが》いだったことを知る。

メディアには他《ほか》にも、いくつかの大事《だいじ》な約束《やくそく》がある。たとえば客観的《きゃっかんてき》であることだ。

公正中立《こうせいちゅうりつ》で客観的《きゃっかんてき》であること。これを言い換《か》えれば、個人《こじん》の感情《かんじょう》やこうあってほしいという願《ねが》いなどは、あってはいけないものということになる。でもそんな立場《たちば》でカメラを回すことは、実際《じっさい》は不可能《ふかのう》なんだ。

テレビでは毎日、ニュースが放送《ほうそう》される。あなたもたまに観《み》ることがあるかな？　ニュースはネットで観《み》るという人もいるかもしれないけれど、たとえばテレビ朝日系列《あさひけいれつ》なら「報道《ほうどう》ステーション」。ＴＢＳ系列《けいれつ》なら「ＮＥＷＳ《ニュース》23」。日本テレビ系列《けいれつ》なら「ｎｅｗｓ《ニュース》 ｚｅｒｏ《ゼロ》」。フジテレビ系列《けいれつ》なら「ＦＮＮ《エフエヌエヌ》

Live《ライブ》 News《ニュース》 α《アルファ》」。NHKなら「ニュースウオッチ9」。地方局《ちほうきょく》だって
それぞれのニュースの枠《わく》がある。
一度あなたに試《ため》してもらいたいことがある。たいしたことじゃない。同じ日
のニュースをいくつか録画《ろくが》して、見比《くら》べてほしいのだ。
ニュース番組《ばんぐみ》の場合《ばあい》、いちばん最初《さいしょ》に、その日の出来事《できごと》でいちばん重要《じゅうよう》だと
番組《ばんぐみ》のスタッフたちが考えるニュースが放送《ほうそう》される。どんなニュース番組《ばんぐみ》でも
これは変《か》わらない。
まずはその順番《じゅんばん》をチェックしてみよう。トップニュースは各局一緒《かくきょくいっしょ》だろう
か？　その次は？　そしてまた次は？
表にしてみればもっとわかりやすいかもしれない。できれば一日だけでなく、
何度か続《つづ》けてほしい。
たぶん何度も比《くら》べるうちに、違《ちが》いがわかってくるはずだ。TBS系列《けいれつ》では
トップニュースなのに、NHKでは三番目か四番目の小さなニュースだったり、

テレビ朝日系列《あさひけいれつ》では小さな扱《あつか》いながらも報道《ほうどう》したのに、同じ日の日本テレビ系列《けいれつ》ではまったく報道《ほうどう》しないニュースもあるかもしれない。

これを長く続《つづ》ければ、それぞれの放送局《ほうそうきょく》が考えるニュースの価値《かち》、あるいは今起《お》きている問題《もんだい》の優先順位《ゆうせんじゅんい》などがわかってくるけれど、そこまでやる必要《ひつよう》はない。

同じことは新聞にも言える。朝日《あさひ》新聞と読売《よみうり》新聞、毎日《まいにち》新聞と産経《さんけい》新聞、そしてそれぞれの地域《ちいき》の地元紙《じもとし》も入れて、同じ日の一面の記事を比《くら》べてみよう。新聞の一面は、テレビのニュースで言えばトップニュース。でもこれも、新聞各紙《かくし》によってずいぶん違《ちが》う。たぶんテレビよりも、その違《ちが》いはもっとはっきりしているはずだ。

ここで考えてほしい。それぞれの放送局《ほうそうきょく》、それぞれの新聞社によって、ニュースの価値《かち》はずいぶん違《ちが》う。ならばたまたま夜のニュースの時間に、NHKを見たか、フジテレビ系列《けいれつ》を見たかで、あなたの今日一日の世界観《かん》は、ずいぶんと変《か》わってしまう可能性《かのうせい》がある。

と、ここまで考えたら、もうひとつ踏《ふ》み込《こ》んで考えよう。

ニュースの価値はどう決まる？

放送局《ほうそうきょく》や新聞社によって、ニュースの価値《かち》は変《か》わってしまうことをあなたは知った。じゃあそのニュースの価値《かち》を決めているのは誰《だれ》だろう？

それぞれの放送局《ほうそうきょく》にニュース価値測定機《かちそくていき》があって、それがニュースの価値《かち》を決めているわけではもちろんない（ただしこの先、AIがトップニュースを決める時代になるかもしれないけれど）。第1章《しょう》で僕《ぼく》は、メディアがなぜ間違《まちが》えるかを書いた。思い出してほしい。

ニュースの価値《かち》を決めているのは、報道局《ほうどうきょく》や社会部のプロデューサーやデスク、あるいはディレクターや記者たちだ。そしてときには、もっと上層部《じょうそうぶ》の人たち（社長《しゃちょう》とか役員《やくいん》とか）が現場《げんば》に圧力《あつりょく》をかける場合もある。

どちらにしても、決めているのは人。

人であるからには、当然《とうぜん》ながら感情《かんじょう》がある。好《す》き嫌《きら》いもある。願望《がんぼう》だってもちろんある。あなたはどう？　もしもあなたが記者かディレクターなら、国会《こっかい》議員《ぎいん》が脇見運転《わきみうんてん》で交通事故《こうつうじこ》を起《お》こした事件《じけん》と、秋田県《あきたけん》の山中で熊《くま》に人が襲《おそ》われた事件《じけん》の、どちらのほうが大きな事件《じけん》と考えるかな。

たぶん人によって違《ちが》うと思う。それはそうだ。興味《きょうみ》や関心《かんしん》の方向や大きさは、人によって違《ちが》う。そこには客観的《きゃっかんてき》な基準《きじゅん》などない。ある程度《ていど》のデータや、その事件《じけん》によって社会が受ける影響《えいきょう》とかの予測《よそく》はできる。だからある程度《ていど》までの客《きゃっ》観的《かんてき》な価値《かち》づけは可能《かのう》だけど、これも「ある程度《ていど》」でしかない。結局《けっきょく》のところ、何が大切な情報《じょうほう》で何が不要《ふよう》な情報《じょうほう》かを決めるのは、最終的《さいしゅうてき》には人なのだ。

ニュースや情報《じょうほう》の価値《かち》を決めるのには、客観的《きゃっかんてき》な基準《きじゅん》やデータだけでなく、たまたまそのニュースを担当《たんとう》した人の感情《かんじょう》や好《す》き嫌《きら》いが大きく働《はたら》いている。この「感情《かんじょう》や好《す》き嫌《きら》い」は、「主観《しゅかん》」と言い換《か》えることもできる。客観《きゃっかん》の反対。つまりテレビのニュースや新聞の記事は、何を報道《ほうどう》するかしないか、何をニュースにするかしないかを決めるその段階《だんかい》で、もう客観的《きゃっかんてき》とは言えないのだ。

ニュースの作り方

じゃあ次に、テレビ・ニュースの中身《なかみ》を考えよう。具体的《ぐたいてき》な例《れい》を挙《あ》げるのがいちばんわかりやすい。何にしようかな。

今日未明《みめい》、中央自動車道の談合坂《だんごうざか》サービスエリア付近《ふきん》で、オートバイを運転していた飯田浩一《いいだこういち》さん（二八歳《さい》）が、乗用車《じょうようしゃ》との接触事故《せっしょくじこ》で転倒《てんとう》し、意識不明《いしきふめい》の重体《じゅうたい》です。

乗用車《じょうようしゃ》を運転していた森達也容疑者《もりたつやようぎしゃ》（二五歳《さい》）は、暴走族《ぼうそうぞく》の集会に立《た》ち寄《よ》った帰りに談合坂《だんごうざか》サービスエリアで小さな仔猫《こねこ》を見つけ、拾《ひろ》って帰ろうとしたところ、その様子《ようす》を見ていた飯田《いいだ》さんと、どっちが仔猫《こねこ》を連れて帰るかで喧嘩《けんか》になり、最後《さいご》には森容疑者《もりようぎしゃ》が飯田《いいだ》さんのオートバイを追跡《ついせき》して幅寄《はばよ》せし、飯田《いいだ》さんは頭部挫傷《とうぶざしょう》の大怪我《おおけが》を負《お》いました。通報《つうほう》を聞いてかけつけた山梨県警《やまなしけんけい》に森容疑者《もりようぎしゃ》は現行犯逮捕《げんこうはんたいほ》され、現在取《げんざいと》り調《しら》べを受けています。

とまあ、こんな事件《じけん》があったとする。ないか、こんな事件《じけん》。まあ細《こま》かいところはいいや。

山梨県警《やまなしけんけい》の記者クラブから連絡《れんらく》を受けて、ニュースの取材班《しゅざいはん》はまず現場《げんば》に急《いそ》ぎ、周囲《しゅうい》の様子《ようす》や、タイヤがスリップした跡《あと》とか、激突《げきとつ》したバイクが炎上《えんじょう》して焦《こ》げたガードレールとか、場合《ばあい》によっては警察《けいさつ》まで行って容疑者《ようぎしゃ》が連行《れんこう》される様子《ようす》を撮《と》ったり、喧嘩《けんか》のもとになったという仔猫《こねこ》を探《さが》したり、容疑者《ようぎしゃ》が勤《つと》めていた職場《しょくば》に行って上司《じょうし》や同僚《どうりょう》に話を聞いたり、被害者《ひがいしゃ》の家まで行って家族のインタビューを撮《と》ったりする。ところが当《とう》の仔猫《こねこ》がどうしても見つからない。困《こま》った。ならば仕方《しかた》がない。テレビ局には資料映像《しりょうえいぞう》という便利《べんり》なものがある。

現場《げんば》の取材《しゅざい》を終えたら、大急《おおいそ》ぎでテレビ局のスタッフルームに戻《もど》る。作業《さぎょう》はまだ終わらない。これから映像《えいぞう》の編集《へんしゅう》という大仕事《おおしごと》がある。ナレーションの長さに合わせて、撮《と》ってきた映像《えいぞう》をつながなくてはならない。

最初《さいしょ》のカットはどうしようか。ディレクターは考えながら、今日撮《と》ってきた映像《えいぞう》をもう一度チェックする（現場《げんば》に行ったディレクターと編集《へんしゅう》を担当《たんとう》する人が、別《べつ》な場合《ばあい》もよくある。今回は同じ人にした）。よし決めた。最初《さいしょ》の五秒は、高速《こうそく》道路《どうろ》を我《わ》がもの顔《がお》で走る暴走族《ぼうそうぞく》の資料映像《しりょうえいぞう》を使う。当初《とうしょ》は仔猫《こねこ》の資料映像《しりょうえいぞう》にするつもりだったのだけど、ニュースとしては、容疑者《ようぎしゃ》が事件直前《じけんちょくぜん》に立ち寄《よ》っていたという暴走族《ぼうそうぞく》の集会をイメージさせたほうが、インパクトがあると判断《はんだん》したのだ。

次に事故《じこ》の現場《げんば》。生々《なまなま》しいスリップの跡《あと》。目撃者《もくげきしゃ》の証言《しょうげん》。被害者《ひがいしゃ》家族のインタビュー。警察署前《けいさつしょまえ》の様子《ようす》。これでちょうどナレーション分。よし粗編集《あらへんしゅう》（大まかな編集《へんしゅう》のこと）終わり。放送《ほうそう》まであと三時間。急《いそ》がなくちゃ。

プロデューサーのチェックを受けてOKをもらえれば、ナレーションを録音《ろくおん》したり、効果音《こうかおん》を挿入《そうにゅう》したり、テロップを入れたりする。ナレーションは記者が書いたり、場合《ばあい》によっては構成作家《こうせいさっか》というポジションの人が書く。音楽は音《おん》効《こう》さん（映像《えいぞう》に音楽や効果音《こうかおん》を付ける人）に決めてもらう。二時間が過《す》ぎた。放《ほう》送《そう》まで一時間。

番組放送直前《ばんぐみほうそうちょくぜん》には、待機《たいき》していたキャスターも加《くわ》わってプレビュー（事前《じぜん》に見ること）して、そこで問題《もんだい》がなければ、作業《さぎょう》はすべて終了《しゅうりょう》。プロデューサーやキャスターからダメ出しされることがあれば、あわててスタジオに戻《もど》って再《さい》編集《へんしゅう》。時間との競争《きょうそう》だ。やっとぎりぎり間に合った。とにかくこうしてニュースは放送《ほうそう》される。

どっちも「事実」

このディレクターは、最初《さいしょ》のカットで、高速道路《こうそくどうろ》を我《わ》がもの顔《がお》で走る暴走族《ぼうそうぞく》の資料映像《しりょうえいぞう》を使った。生まれたばかりの仔猫《こねこ》の資料映像《しりょうえいぞう》も取り寄《よ》せていた。どちらを使おうかと悩《なや》んだけれど、結局《けっきょく》は暴走族《ぼうそうぞく》のほうにした。

そこで、あなたに聞きたい。まずは暴走族《ぼうそうぞく》の映像《えいぞう》と仔猫《こねこ》の映像《えいぞう》。頭に思い浮《う》かべてほしい。それから想像《そうぞう》してほしい。受ける印象《いんしょう》は同じだろうか。

もちろんそんなはずはない。クラクションをやかましく鳴《な》らしながら道路《どうろ》を集団《しゅうだん》で走りまわる暴走族《ぼうそうぞく》の映像《えいぞう》を使ったことで、容疑者《ようぎしゃ》である森達也《もりたつや》の凶暴《きょうぼう》

TODAY'S NEWS9
容疑者は事件直前に暴走族の集会に立ち寄っていた

TODAY'S NEWS9
仔猫をめぐってケンカ。
乗用車とオートバイでカーチェイス

な一面は強調《きょうちょう》された。まあ確《たし》かに、走るバイクに幅寄《はばよ》せをするような攻撃的《こうげきてき》な男だけど、でももし仔猫《こねこ》の資料映像《しりようえいぞう》からニュースを始《はじ》めていたら、森達也《もりたつや》の印象《いんしょう》は、ずいぶんと違《ちが》うものになっていただろう。

さらにこのディレクターは、被害者《ひがいしゃ》の家族や友人たちのインタビューを使ったけれど、加害者《かがいしゃ》の職場《しょくば》の同僚《どうりょう》や上司《じょうし》のインタビューは使わなかった。「普段《ふだん》はとてもおとなしい男です」とか「動物《どうぶつ》が好きな人でした」など、加害者《かがいしゃ》の優《やさ》しさばかりを強調《きょうちょう》するコメントが多かったのでカットした。その代《か》わり、悔《くや》しさを訴《うった》える被害者《ひがいしゃ》の家族のインタビューをたっぷりと使ったから、視聴者《しちょうしゃ》にもその悔《くや》しさや怒《いか》りは伝《つた》わるに違《ちが》いない。

もし最初《さいしょ》のカットに仔猫《こねこ》の映像《えいぞう》を使い、被害者《ひがいしゃ》の家族や友人だけでなく、加《か》害者《がいしゃ》の職場《しょくば》の同僚《どうりょう》や上司《じょうし》のコメントを使っていたら、たぶんニュースの印象《いんしょう》、つまり森達也《もりたつや》という男のイメージは、ずいぶんと違《ちが》うものになっていただろう。

①暴走族《ぼうそうぞく》の資料映像《しりょうえいぞう》→事故《じこ》の現場《げんば》→被害者《ひがいしゃ》家族のコメント→加害者《かがいしゃ》が取《と》り調《しら》べを受けている警察署前《けいさつしょまえ》

②愛《あい》らしい仔猫《こねこ》の資料映像《しりょうえいぞう》→事故《じこ》の現場《げんば》→被害者《ひがいしゃ》家族、および加害者《かがいしゃ》の職《しょく》場《ば》の人などのコメント→加害者《かがいしゃ》が取《と》り調《しら》べを受けている警察署前《けいさつしょまえ》

①と②の違《ちが》いは、二つのカットだけだ。でも視聴者《しちょうしゃ》が受ける印象《いんしょう》はずいぶん違《ちが》う。念《ねん》を押《お》しておきたいけれど、どっちも嘘《うそ》ではない。どちらも事実《じじつ》だ。加害者《かがいしゃ》は、走るオートバイを車で追跡《ついせき》しながら、事故《じこ》を起《お》こすことを予測《よそく》して幅寄《はばよ》せするような無茶《むちゃ》な男だ。でも同時《どうじ》に、寒さに震《ふる》えている仔猫《こねこ》を見捨《みす》ててはおけないような、優《やさ》しいところもある。

どちらも事実《じじつ》だ。どちらを採用《さいよう》しても嘘《うそ》ではない。でも視聴者《しちょうしゃ》が受ける印《いん》象《しょう》はまったく違《ちが》う。許《ゆる》しがたい凶暴《きょうぼう》な男なのか、やったことは許《ゆる》せないけれど情状酌量《じょうじょうしゃくりょう》（犯罪者《はんざいしゃ》に同情《どうじょう》できる背景《はいけい》がある場合《ばあい》、裁判《さいばん》の判決《はんけつ》で刑《けい》を軽《かる》くするこ

と）の余地《よち》があると思われるのか、この差《さ》は大きい。たった二つのカットが違《ちが》うだけで。

「わかりやすさ」のトリック

僕《ぼく》はこれまで、メディア・リテラシーが必要《ひつよう》な理由《りゆう》を、いくつかの事例《じれい》を挙《あ》げてあなたに説明《せつめい》した。

①松本《まつもと》サリン事件《じけん》で被害者《ひがいしゃ》の河野義行《こうのよしゆき》さんが犯人《はんにん》と報道《ほうどう》された例《れい》
②栃木県《とちぎけん》の重度知的障《じゅうどちてきしょう》がい者《しゃ》が誤認逮捕《ごにんたいほ》された例《れい》
③湾岸戦争《わんがんせんそう》前にアメリカで偽《いつわ》りの証言《しょうげん》をした少女の例《れい》
④湾岸戦争時《わんがんせんそうじ》の油《あぶら》にまみれた水鳥《みずとり》の映像《えいぞう》が流された例《れい》

これらはすべて、メディアが間違《まちが》えたり、だまされたりした結果《けっか》として、一《いっ》般《ぱん》の人たちも誤《あやま》った認識《にんしき》をもってしまった実例《じつれい》だ。

でもこれらは例外《れいがい》じゃない。メディアが間違《まちが》えず、そしてだまされてもいない場合《ばあい》でも、報道《ほうどう》の仕方《しかた》によって、事実《じじつ》はいろんな形に変化《へんか》する。森達也《もりたつや》というひとりの容疑者《ようぎしゃ》が、報道《ほうどう》の見せ方によって、まったく違《ちが》うキャラクターを与《あた》えられるように。

つまり物事《ものごと》は、どこから見るかで全然違《ぜんぜんちが》う。なぜなら世の中の現象《げんしょう》はすべて、多面的《ためんてき》だからだ。多面的《ためんてき》というのは、面が多くあること。つまりひとつの事実《じじつ》にも、いろんな側面《そくめん》があるということ。

わかりやすさは大切だ。学校の授業《じゅぎょう》だって、わかりづらいよりはわかりやすいほうがよいに決まっている。

でもね、ここで大切なことは、僕《ぼく》たちが生きている現実《げんじつ》は、そもそもとても複雑《ふくざつ》で、わかりづらいということだ。その複雑《ふくざつ》さをそのまま伝《つた》えていたら、ニュースにはならない。事件《じけん》や現象《げんしょう》をニュースにするためには、多面的《ためんてき》な視点《してん》は必要《ひつよう》ない。面は少ないほうがいい。ひとつなら最《もっと》もわかりやすい。

捨《す》て猫《ねこ》を放っておけないと同時《どうじ》に、走るバイクに幅寄《はばよ》せをするこの森達也《もりたつや》という男は、優《やさ》しいのか凶暴《きょうぼう》なのか。あなたは考え込《こ》む。それでいい。どちらかが正解《せいかい》でどちらかが間違《まちが》いではない。どっちも正解《せいかい》。正解《せいかい》はひとつだけじゃない。凶暴《きょうぼう》であると同時《どうじ》に優《やさ》しいところもある。それが人間だ。

でもそれではニュースにならない。「この犯人《はんにん》は残酷《ざんこく》だけど優《やさ》しいところもある」では、ニュースの結論《けつろん》がわからない。だからメディアは情報《じょうほう》を簡略化《かんりゃくか》する。数字で言えば0か1。小数点以下《いか》の端数《はすう》は四捨五入《ししゃごにゅう》してしまう。なぜならそのほうが、事件《じけん》はわかりやすくなるからだ。

事件《じけん》がわかりづらいと、見ているほうは不安《ふあん》になる。だから多くの視聴者《しちょうしゃ》は、結論《けつろん》がはっきりしているニュースのほうを好《この》む。つまり四捨五入《ししゃごにゅう》されたニュースは視聴率《しちょうりつ》が上がる。こうしてテレビは、事件《じけん》をわかりやすく剪定《せんてい》

（庭木《にわき》の枝《えだ》を切って形を整《ととの》えること）する。チョキチョキ。この枝《えだ》は邪魔《じゃま》だ。切っちゃえ。この葉《は》っぱも要《い》らない。チョキチョキ。

ある意味で仕方《しかた》がない。なぜならテレビ局にとって、多くの人に見てもらうことが最《もっと》も大事《だいじ》だからだ。テレビと収益《しゅうえき》の仕組《しく》みについてはこの章《しょう》の最後《さいご》で詳《くわ》しく書くけれど、テレビ局の社員は視聴率《しちょうりつ》という数字を気にする。気もちはよくわかる。なぜならかつて僕《ぼく》も、同じようなことをやっていたから。

でもそれは、少なくとも公正《こうせい》ではないし中立《ちゅうりつ》な立場《たちば》でもない。

「撮る」ことは「隠す」こと

ひとりでカメラをもってオウム真理教《しんりきょう》の施設《しせつ》の中をうろつきながら、僕《ぼく》はそんなことを考えていた。僕《ぼく》がそう思うようになったきっかけは、自分でカメラを回したからだ。

それまでは、撮影《さつえい》のスタッフたちと一緒《いっしょ》にロケに行くことが当たり前だった。でもさっきも書いたけれど、僕《ぼく》はそれまで所属《しょぞく》していた番組制作会社《ばんぐみせいさくがいしゃ》から、このドキュメンタリーの件で契約《けいやく》を解除《かいじょ》されてしまった。ならば仕方《しかた》がない。友人のデジタルカメラを借《か》りた僕《ぼく》は、カメラマンに頼《たの》むのではなく、自分自身でカメラを回すことにした。

そして気がついた。撮影《さつえい》という行為《こうい》は、ちっとも客観的《きゃっかんてき》じゃないし、ましてや公正《こうせい》でも中立《ちゅうりつ》でもないってことに。

僕《ぼく》の周《まわ》りには世界がある。あなたの周《まわ》りにもある。三六〇度すべてにある。でもカメラはまず、この無限《むげん》な世界を、四角いフレームの枠《わく》の中に限定《げんてい》する。その瞬間《しゅんかん》、区切られたフレームの外の世界は、存在《そんざい》しないことになってしまう。

何かを撮《と》るという行為《こうい》は、何かを隠《かく》すのと同じことなのだ。

ファインダーに片目《かため》を当ててカメラを回しながら、僕《ぼく》は自分が世界を選《えら》び直《なお》していることに気がついた。取捨選択《しゅしゃせんたく》している。僕《ぼく》の目の前には、三人のオウムの信者《しんじゃ》がいる。ひとりはパソコンの画面《がめん》を見つめている。ひとりはごはんにゴマをかけただけの質素《しっそ》な夕食をとっている。そしてもうひとりは、祭壇《さいだん》に額《ぬか》ずいて祈《いの》りを捧《ささ》げている。

三人を同時《どうじ》には撮《と》れない。だから誰《だれ》かを選《えら》ばなければならない。選《えら》ぶのは僕《ぼく》だ。そして誰《だれ》を撮《と》るかで、映像《えいぞう》を見る人の印象《いんしょう》は全然違《ぜんぜんちが》う。

小数点以下の世界

まず何をニュースに選《えら》ぶかという段階《だんかい》で、すでに個人《こじん》の主観《しゅかん》は始《はじ》まっている。テレビの場合《ばあい》は、これにさらに、撮影《さつえい》というフレーミングの要素《ようそ》が入る。つまり現場《げんば》のひとつの断面《だんめん》を選《えら》ぶ。言い換《か》えれば、選《えら》んだ断面以外《だんめんいがい》は捨《す》てる。

編集《へんしゅう》の段階《だんかい》では、たくさんある映像素材《えいぞうそざい》の順列組《じゅんれつく》み合《あ》わせで、また大きく変《か》わる。今度《こんど》はそこに、音楽やナレーション、効果音《こうかおん》などを加《くわ》える。

たとえばさっきのニュースの場合《ばあい》、悲《かな》しい音楽を使えば、被害者《ひがいしゃ》のつらさや悲《かな》しみは、より増幅《ぞうふく》される。不気味《ぶきみ》な音楽を使えば、加害者《かがいしゃ》の異常性《いじょうせい》がより強調《きょうちょう》される。ナレーションの内容《ないよう》で、視聴者《しちょうしゃ》の感情《かんじょう》をかなり誘導《ゆうどう》することもできる。もっと強調《きょうちょう》したいときには、インパクトのある効果音《こうかおん》を入れたり、テロップを入れたりする。

注目される裁判《さいばん》の公判《こうはん》を報道《ほうどう》する際《さい》、法廷内《ほうていない》での撮影《さつえい》は禁《きん》じられているので、テレビは再現映像《さいげんえいぞう》や、似顔絵《にがおえ》などをよく使う。あなたもそんなニュースを見たことがあるよね。

被告《ひこく》が入廷《にゅうてい》する前の法廷内《ほうていない》の映像《えいぞう》やイラストをバックに、被告《ひこく》が証言台《しょうげんだい》でしゃべったことを、あとから声優《せいゆう》に再現《さいげん》させる手法《しゅほう》もある。このときに、人を小《こ》ばかにしたような調子《ちょうし》で台詞《せりふ》を読んでもらうか、誠実《せいじつ》そうに読んでもらうかで、被告《ひこく》のキャラクターは相当《そうとう》に変《か》わる。声優《せいゆう》の演技《えんぎ》ひとつで、凶暴《きょうぼう》なイメージにも、気弱《きよわ》で誠実《せいじつ》そうにも印象《いんしょう》づけることができるのだ。

もちろんできるかぎり、本人の声やしゃべり方に近い声優《せいゆう》を選《えら》ぶべきだ。でも実際《じっさい》には、どうしても演出《えんしゅつ》の余地《よち》は入る。だって盛《も》り上げたほうが視聴率《しちょうりつ》は上がるのだから。

さっきも書いたけれど、基本的《きほんてき》には0か1。中間の曖昧《あいまい》さは四捨五入《ししゃごにゅう》したほうがわかりやすい。つまり切り捨《す》てか切り上げ。それによって現実《げんじつ》は誇張《こちょう》される。でもそのほうが、ストーリーが明快《めいかい》になって視聴者《しちょうしゃ》は喜《よろこ》ぶ。そうなると視聴率《しちょうりつ》が上がる。上司《じょうし》に褒《ほ》められて、社内での発言権《はつげんけん》も増《ま》すかもしれないし、人気番組の担当に抜擢《ばってき》されるかもしれない。ならばがんばるぞ。

……かつてテレビでニュース番組《ばんぐみ》を作っていたころ、きっと僕《ぼく》はこんな調子《ちょうし》だったと思う。もちろん実際《じっさい》には、いつも数字のことだけを考えて、ニュースを作っているわけじゃない。

でも現実《げんじつ》には1と0のあいだの、小数点以下《いか》の領域《りょういき》がある。視聴率《しちょうりつ》は取りたいけれど、あざとい演出《えんしゅつ》をしてしまう自分や番組《ばんぐみ》のあり方に対して、これで本当によいのだろうかと悩《なや》む瞬間《しゅんかん》もあった。そんなふうに悩《なや》み続《つづ》けてはいたけれど、でも結果的《けっかてき》には、わかりやすいニュースを作ってきた。僕《ぼく》だけじゃない。ほとんどのスタッフたちは、ときには悩《なや》みながらも、でも視聴率《しちょうりつ》が取れるニュースをめざしてきた。

あなたはどう思う?

こうしてできあがった映像《えいぞう》が、少なくとも客観《きゃっかん》に徹《てっ》して作られているはずがない。むしろ主観《しゅかん》そのものだ。でもテレビやニュースを観《み》る人のほとんどは、ニュースは客観的《きゃっかんてき》に作られているものと思い込《こ》んでいる。事実《じじつ》だと思い込《こ》んでいる。確《たし》かに画面《がめん》に映《うつ》るのは事実《じじつ》の断片《だんぺん》だけど、その集積《しゅうせき》は事実《じじつ》とは違《ちが》う。たとえて言えばなんだろう。レゴみたいなものかな。ひとつひとつのパーツをある意図《いと》のもとに組み立てることで、ロケットや探査艇《たんさてい》や中世《ちゅうせい》の城《しろ》が現《あらわ》れる。

……まあレゴは少しおおげさか。でも近い。そのくらいに思っていたほうが間《ま》違《ちが》いはない。

多くの人は、この仕組《しく》みを知らない。ニュースの映像《えいぞう》に、撮《と》る人や編集《へんしゅう》する人の感情《かんじょう》が反映《はんえい》されていることや、視聴率《しちょうりつ》を上げるために刺激的《しげきてき》に見える工《く》夫《ふう》をしていることなど、想像《そうぞう》すらしていない。

中立って何？

客観性《きゃっかんせい》と同様《どうよう》に、メディアは中立《ちゅうりつ》でなければならないと人は言う。誰《だれ》もが言う。メディアで働《はたら》いている人も言う。僕《ぼく》もかつてそう思っていた。

この章《しょう》の初《はじ》めで書いたけれど、僕《ぼく》自身がかつて、オウムのドキュメンタリーを撮《と》ろうとして所属《しょぞく》していた番組制作会社《ばんぐみせいさくがいしゃ》から契約《けいやく》を解除《かいじょ》されたとき、その理《り》由《ゆう》を当時《とうじ》の上司《じょうし》である番組制作部長《ばんぐみせいさくぶちょう》は、「オウムをニュートラル（中立《ちゅうりつ》）に見ようとしていないからだ」と説明《せつめい》した。

でもここで、中立《ちゅうりつ》という意味を、もう一度ちゃんと考えたほうがいい。だからあなたに質問《しつもん》。

中立《ちゅうりつ》って何？

……難《むずか》しいかな。中立《ちゅうりつ》とは、相対《あいたい》して争《あらそ》うもののどちらにも味方《みかた》せず、敵対《てきたい》もしないこと（『岩波国語辞典』）。つまり、AとBがあれば、その二つから等《とう》距離《きょり》にある位置《いち》のことを言う。これを報道《ほうどう》に当てはめれば、どちらかひとつだけに偏《かたよ》らない姿勢《しせい》を言う。うん。それは納得《なっとく》できるよね。それは正しい。

でもならば、ここであなたに、もうひとつ質問《しつもん》したい。

そのＡとＢの位置《いち》は誰《だれ》が決めるの？

考えた？　わからないよね。それが正しい。

気づいてほしいのだけど、最初《さいしょ》からＡとＢ（両端《りょうたん》）が決まっているわけじゃない。数学の問題《もんだい》の場合《ばあい》は、設問者《せつもんしゃ》が両端《りょうたん》を設定《せってい》する。でも実際《じっさい》の事件《じけん》や現《げん》象《しょう》の場合《ばあい》には、そんな設問者《せつもんしゃ》はいない。

誰《だれ》かが両端《りょうたん》を決めなくちゃならない。

その誰《だれ》かとは、誰《だれ》だろう。

基本的《きほんてき》には、世論《よろん》や民意《みんい》と称《しょう》される多数派《たすうは》の意見だ。でもそれが、必《かなら》ずしも正しいとは限《かぎ》らない。

僕《ぼく》をクビにした番組制作部長《ばんぐみせいさくぶちょう》は、オウム真理教《しんりきょう》の人々を「極悪《ごくあく》な殺人集団《さつじんしゅうだん》」として描《えが》くことが、中立《ちゅうりつ》なのだと思い込《こ》んでいた。当時《とうじ》の多くの人々の思いも、同じだったかもしれない。それを僕《ぼく》は否定《ひてい》はしない。部長《ぶちょう》がオウムを憎《にく》むのは彼《かれ》の感情《かんじょう》だし尊重《そんちょう》する。でも「洗脳《せんのう》された極悪集団《ごくあくしゅうだん》」という見方は、あくまで一面の見方にすぎない。彼《かれ》らは善良《ぜんりょう》で純粋《じゅんすい》で優《やさ》しい人たちという側面《そくめん》もあった。その優《やさ》しい人たちが、なぜあのような凶悪《きょうあく》な犯罪《はんざい》を起《お》こしたかを考えるべきだ、と僕《ぼく》は思った。

「悪」はどこにいる？

悪い人が悪いことをする。僕《ぼく》らはそう思いたい。悪いことをするような人は、自分とは違《ちが》う人なのだと思いたい。

でも現実《げんじつ》は、そんなに単純《たんじゅん》に割《わ》り切れない。さっきも書いたけど、現実《げんじつ》は複《ふく》雑《ざつ》でわかりにくい。

僕《ぼく》は仕事《しごと》の関係《かんけい》もあって、暴力団《ぼうりょくだん》やマフィアや、殺人罪《さつじんざい》で懲役刑《ちょうえきけい》を終えた

中立って？
A
B

人に会う機会《きかい》が、普通《ふつう》の人よりは少しだけ多い。でも、「これは救《すく》いようのない悪人《あくにん》」だと思うような人に、いまだかつて会ったことがない。

もちろん短気《たんき》な人はいる。思慮《しりょ》の浅《あさ》い人もいる。他人《たにん》の痛《いた》みや苦《くる》しみへの想像力《そうぞうりょく》が欠《か》けている人もいる。でも完璧《かんぺき》な悪人《あくにん》などいない。オウム真理教《しんりきょう》の信者《しんじゃ》も、マフィアの人も連続殺人犯《れんぞくさつじんはん》も、誰《だれ》かを愛《あい》したり、喜怒哀楽《きどあいらく》のある普通《ふつう》の人たちだ。

大多数《だいたすう》の人たちは、こういう現実《げんじつ》の多面性《ためんせい》をなかなか認《みと》めたがらない。なぜならこれを認《みと》めてしまうことは、自分の中にもそういう人たちと共通《きょうつう》する何かが潜《ひそ》んでいると、認《みと》めることになるからだ。これは困《こま》る。連続殺人犯《れんぞくさつじんはん》と自分とのあいだには、大きな違《ちが》いがあるはずだと思いたい。きちんと線を引いてほしい。だって彼《かれ》らは特別《とくべつ》な人たちなのだから。そう思う人はとても多い。

ナチス一党独裁《いっとうどくさい》のころのドイツでは、国民の大多数《だいたすう》が、ヒトラーは偉大《いだい》な指《し》導者《どうしゃ》で、ナチスの政策《せいさく》は正しいと思い込《こ》んでいた。ホロコースト（ユダヤ人虐殺《ぎゃくさつ》）に関与《かんよ》したナチスの幹部《かんぶ》たちは、ユダヤ人をこの地上からひとり残《のこ》らず抹殺《まっさつ》することが、自分たちに与《あた》えられた崇高《すうこう》な使命《しめい》だと信《しん》じていた。

第二次世界大戦《だいにじせかいたいせん》が始《はじ》まったころ、国民の大多数《だいたすう》が、天皇《てんのう》を頂点《ちょうてん》とする大日本帝国（当時《とうじ》の日本）がアジアをまとめるために、中国や朝鮮半島《ちょうせんはんとう》、東南《とうなん》アジア諸国《しょこく》を植民地化《しょくみんちか》することを、正しい戦争《せんそう》だと思い込《こ》んでいた。それを邪魔《じゃま》する悪いアメリカやイギリスは、こらしめるべきだと信《しん》じていた。

でも第二次世界大戦《だいにじせかいたいせん》が終わって、悪の定義《ていぎ》は変《か》わった。ドイツの場合、一二人のナチス幹部《かんぶ》が死刑になり、戦後一五年くらいたってから、ナチスのような反ユダヤ主義《しゅぎ》は犯罪《はんざい》とされた。

日本も戦争指導者《せんそうしどうしゃ》の一部は極東国際軍事裁判《きょくとうこくさいぐんじさいばん》（東京裁判《さいばん》）で裁《さば》かれ、アメリカとイギリスとの開戦時《かいせんじ》、最高責任者《さいこうせきにんしゃ》だった東条英機《とうじょうひでき》などがＡ級戦犯《きゅうせんぱん》とされた。敵国《てきこく》アメリカのイメージも、きれいさっぱりなくなった。むしろ今アメリカは、日本といちばん仲《なか》のいい国だと思っている人が多いよね。

あなたたちの中にも、どこかの国に対して悪《わる》いイメージをもっている人もいるかもしれない。中国の人はマナーが悪《わる》い？　北朝鮮《きたちょうせん》のミサイルがこわい？　あるいは韓国のＫ－ＰＯＰやドラマが好きという人もたくさんいると思うけれど、二〇一九年のテレビやインターネット報道《ほうどう》を観《み》ていたら、韓国《かんこく》に対する印《いん》象《しょう》が悪《わる》くなってしまった人もいるかもしれない。でも話はちょっと逸《そ》れるけれど、中国籍《せき》や韓国籍《せき》をもちながら、日本で学んだり働《はたら》いたりしている人もたくさんいる。だから、どこかの国に対して「悪い国」というイメージをもってしまったら、そうじゃない視点《してん》の記事《きじ》も探《さが》して、ニュースの読み比《くら》べをしてみてほしい。

どこかに悪がいる。そしてその悪は、どれだけ叩《たた》いてもかまわない。そんな多くの人が乗《の》ってきやすい雰囲気《ふんいき》を作るのは、他《ほか》でもないメディアだということを、思い出してほしい。そして、自分たちを通して作り出されたその雰囲気《ふんいき》に、実《じっ》はメディア自身も呑《の》み込《こ》まれるということも。

実際《じっさい》に、現地《げんち》に取材《しゅざい》に行ける人は限《かぎ》られている。僕《ぼく》たちにとって、実質《じっしつ》メディアしか情報源《じょうほうげん》がないことはたくさんある。そしてメディアは結局《けっきょく》人だ、と僕《ぼく》は書いた。現場《げんば》に行った記者やディレクター、デスクやプロデューサーたちの判断《はんだん》によって、どんなニュースが流《なが》されるかが決まってくる。でもその判《はん》断《だん》は、これまで書いてきたように視聴率《しちょうりつ》や、わかりやすさを追求《ついきゅう》した結果《けっか》でもある。完全《かんぜん》に中立《ちゅうりつ》な視点《してん》なんてわかる人がもしいるならば、それは人ではなくて神《かみ》さまだ。

両論併記って何？

同じようにメディアの鉄則《てっそく》で、「両論併記《りょうろんへいき》」という言葉がある。特《とく》に新聞社に入ったばかりの駆《か》け出しの記者は、先輩《せんぱい》たちにまずはこの鉄則《てっそく》を教え込《こ》まれる。

両論併記《りょうろんへいき》の意味は、対立《たいりつ》する人や組織《そしき》などを記事やニュースで取《と》り上げるとき、その片方《かたほう》の人や組織《そしき》の言い分だけでなく、双方《そうほう》の意見を同じ分量《ぶんりょう》だけ提示《ていじ》するというルールだ。新聞だけじゃない。テレビでもこの鉄則《てっそく》は基本《きほん》のひとつだ。

でもこれも、中立《ちゅうりつ》の概念《がいねん》と同じく、実《じつ》は大きな落《お》とし穴《あな》がある。

A↕B

この構造《こうぞう》は確《たし》かにある。そこまでは正しい。でもAに対立《たいりつ》するものがBであると、いったい誰《だれ》が決めるのだろう？　もしかしたらCかもしれない。Dの場《ば》合《あい》だってあるかもしれない。

誰《だれ》かが決めなくてはならない。つまり中立《ちゅうりつ》と一緒《いっしょ》。これもまた誰《だれ》かの主観《しゅかん》。

それともうひとつ。このルールには本質的《ほんしつてき》な矛盾《むじゅん》がある。仮《かり》に二つの意見を並《なら》べたとしても、その並《なら》べ方で印象《いんしょう》はだいぶ違《ちが》う。Aの意見《いけん》を紹介《しょうかい》してから、これに反対するBの意見《いけん》を紹介《しょうかい》する。理屈《りくつ》としては、これで両論併記《りょうろんへいき》となる。でもこの場合《ばあい》、あとから出したBのほうが、視聴者《しちょうしゃ》や読者《どくしゃ》の共感《きょうかん》を呼《よ》び起《お》こしやすい。Aは途《と》中経過《ちゅうけいか》でBは結論《けつろん》に近いという心理《しんり》が、何となく働《はたら》いてしまうからだ。

もちろんテレビや新聞のプロたちはこれを知っている。だからときにはこれを無意識《むいしき》に利用する。痴漢行為《ちかんこうい》で逮捕《たいほ》された大学教授《だいがくきょうじゅ》がいる。彼《かれ》は警察《けいさつ》のフレームアップ（でっちあげ）であることを主張《しゅちょう》している。テレビのニュースでこの事件《じけん》を扱《あつか》うとき、公正中立《こうせいちゅうりつ》なメディアの立場《たちば》としては、彼《かれ》の言い分を紹《しょう》介《かい》しないわけにはいかない。

もしこんなケースがあったとき、よく注意《ちゅうい》してニュースを見てほしい。大学《だいがく》教授《きょうじゅ》がニュース映像《えいぞう》の最後《さいご》に登場《とうじょう》することはまずない。彼《かれ》の主張《しゅちょう》を紹介《しょうかい》してから、それとは反対の立場《たちば》に立つ警察《けいさつ》や検察関係者《けんさつかんけいしゃ》の主張《しゅちょう》で終わる。見終えた視聴者《しちょうしゃ》は、最後《さいご》に登場《とうじょう》する主張《しゅちょう》のほうが正しいかのような気分になる。

こうした順番《じゅんばん》があらかじめ決まってしまっているその理由《りゆう》は、大学教授《だいがくきょうじゅ》よりも警察《けいさつ》のほうが正しいと思う人が、社会の多数派《たすうは》だからだ。テレビは多数派《たすうは》に抗《あらが》わない。なぜなら視聴率《しちょうりつ》が落ちるから。抗議《こうぎ》だって来るかもしれない。もしも局の偉《えら》い人がその抗議《こうぎ》のことを聞いたら、そんな問題《もんだい》を起《お》こすようなディレクターやプロデューサーは重要《じゅうよう》なポジションに置《お》いてはおけないと思うかもしれない。スポンサー企業《きぎょう》の担当者《たんとうしゃ》に抗議《こうぎ》の件が伝《つた》われば、スポンサーを降《お》りると言い出すかもしれない。

多数派はなぜ強い？

テレビが他《ほか》のメディアと大きく違《ちが》う点のひとつは、このスポンサーの存在《そんざい》がとても大きいことだ。スポンサーとは広告主《こうこくぬし》、つまり番組《ばんぐみ》を提供《ていきょう》する企業《きぎょう》や団体のこと。

新聞や雑誌《ざっし》や本は、原則《げんそく》としてそれを読む人から料金《りょうきん》をもらう。ところがテレビは、（有料放送《ゆうりょうほうそう》であるCSやBSは例外《れいがい》として）視聴者《しちょうしゃ》から料金《りょうきん》をもらわない。代わりにCMのスポンサーである企業《きぎょう》から広告費《こうこくひ》をもらう。テレビはこの広告費《こうこくひ》で番組《ばんぐみ》を作り利益《りえき》を上げる。だからスポンサーの意見をとても大事にする。機嫌《きげん》を損《そこ》ねないようにする。もしもスポンサー企業《きぎょう》が不祥事《ふしょうじ》を起こしても、ニュースは扱《あつか》わないか小さく扱《あつか》う。そんなことはめずらしいことじゃない。テレビが視聴率《しちょうりつ》をこれほどに気にする理由《りゆう》も、視聴率《しちょうりつ》が、企業《きぎょう》からもらう広告費《こうこくひ》に換算《かんさん》されるからだ。

唯一《ゆいいつ》の例外《れいがい》はNHKだ。スポンサーはつけないからCMはない。だから視《し》聴率《ちょうりつ》を気にする必要《ひつよう》はない。とても重要《じゅうよう》なテレビ局なのだ。これについては、

第4章《しょう》でもう少し詳《くわ》しく書く。今は先を急《いそ》ごう。

テレビは多数派《たすうは》に抗《あらが》わない。なぜなら抗《あらが》えば、視聴率《しちょうりつ》が落ちるからだ。テレビほどではないけれど、新聞や雑誌《ざっし》にもこの原理《げんり》は働《はたら》いている。こうしてメディアは情報《じょうほう》を拡散《かくさん》し、多数派《たすうは》の意見《いけん》は雪だるま式にどんどん大きくなり、少数派《しょうすうは》の主張《しゅちょう》や意見《いけん》は、急速《きゅうそく》に小さくなる。「何か変《へん》だな」と思っている人も、その思いを口にできなくなる。何度《なんど》もメディアから同じ情報《じょうほう》を見たり聞いたりしているうちに、その「変《へん》だな」という意識《いしき》がどんどん薄《うす》まってしまう。

ドイツがナチスの一党独裁《いっとうどくさい》になる過程《かてい》で、「それは危険《きけん》だ」と言える人は、最初《さいしょ》のころはかなりいた。ユダヤ人を迫害《はくがい》したり、場合《ばあい》によっては虐殺《ぎゃくさつ》したりすることに、「同じ人間じゃないか」と反対する人もかなりいた。でもナチスの権力《けんりょく》が強《つよ》くなると同時に、メディアによるプロパガンダで迫害《はくがい》を支持《しじ》する人が急激《きゅうげき》に増《ふ》えてきて、反対する人たちは沈黙《ちんもく》した。あとはもう、暴走《ぼうそう》するばかりだった。社会学では、こんなメカニズムを「沈黙《ちんもく》の螺旋《らせん》」と言う。難《むずか》しい言葉だ。でも覚《おぼ》えておいて損《そん》はない。

メディアと主観

ただし、主観《しゅかん》からは逃《のが》れられないのだと自覚《じかく》したうえで、できるかぎりは中《ちゅう》立《りつ》で、公正《こうせい》な位置《いち》をめざすことまで僕《ぼく》は否定《ひてい》しない。否定《ひてい》しないどころか、報《ほう》道《どう》はそうあるべきだと思う。でも実際《じっさい》には、これをきちんと自覚《じかく》したうえで日々の仕事《しごと》をしている記者やディレクターは、僕《ぼく》の知っている範囲《はんい》では少数派《しょうすうは》だ。もちろん中には、必死《ひっし》に考えている人もいる。でもそういう人は、どちらかといえば出世《しゅっせ》できない。なぜなら視聴率《しちょうりつ》や部数を伸《の》ばすことだけに一生懸《いっしょうけん》命《めい》になることが、どうしてもできないからだ。出世《しゅっせ》できるのは、そんなことはあまり考えずに、どうやったら視聴率《しちょうりつ》や部数が伸《の》びるだろうかと毎日考えているような人たちが多い。

悔《くや》しいけれど、これは大人の社会のリアルな現実《げんじつ》だ。

だからあなたには知ってほしい。メディアはそんな本質的《ほんしつてき》な矛盾《むじゅん》を抱《かか》えている。公正中立《こうせいちゅうりつ》な報道《ほうどう》など、ありえない。必ず人の意識《いしき》が反映《はんえい》されている。それを常《つね》に意識《いしき》すること。つまり、自分が今目にしているテレビのニュースや今朝読んだ新聞の記事は、複雑《ふくざつ》な多面体《ためんたい》の中のひとつの視点《してん》でしかないということ。これを忘れないようにしてほしい。そうすれば、ニュースや記事が、きっとこれまでとは違《ちが》って見えるはずだ。

第 4 章

真実は
ひとつじゃない

世界をアレンジする方法

映像《えいぞう》を編集《へんしゅう》するとき、ある状況《じょうきょう》の映像《えいぞう》や音声《おんせい》を、違《ちが》う状況《じょうきょう》に差《さ》し込《こ》んでひとつのつながりにすることがある。これを専門《せんもん》用語でインサート（挿入《そうにゅう》）という。難《むずか》しい技術《ぎじゅつ》じゃない。テレビや映画《えいが》の業界《ぎょうかい》では、誰《だれ》もが当たり前のように使う手法《しゅほう》だ。そしてこの手法《しゅほう》を使えば、映《うつ》し出される世界をいくらでもアレンジすることができる。場の雰囲気《ふんいき》を変《か》えることなど、とても簡単《かんたん》だ。

具体的《ぐたいてき》な例《れい》を挙《あ》げよう。たとえばあなたの学校の英語《えいご》の授業《じゅぎょう》の様子《ようす》を、テレビ局が撮《と》りに来たとする。

後日《ごじつ》、その番組《ばんぐみ》が放送《ほうそう》される。学校の簡単《かんたん》な紹介《しょうかい》が終わったあと、教壇《きょうだん》で先生が、板書《ばんしょ》しながら一生懸命《いっしょうけんめい》にしゃべっているカットが映《うつ》る。

その先生のカットのあとに、先生の話を聞くあなたたちのカットがインサートされる。映像《えいぞう》はあなたたちの顔だけど、先生の話は続《つづ》いている。カットが変《か》わるときにも、先生の話が途切《とぎ》れたりはしない。なぜならこの場合《ばあい》、音だけはずっと切れ目を入れずに使っているからだ。この音をベースにして、教壇《きょうだん》に立つ先生の映像《えいぞう》と、音を消したあなたたちの表情《ひょうじょう》の映像《えいぞう》を交互《こうご》につなぐ。これをカットバックという。

このとき、あなたたちのどんな表情《ひょうじょう》を使うかは、その映像《えいぞう》を編集《へんしゅう》する人の判《はん》断《だん》に任《まか》せられる。一生懸命《いっしょうけんめい》にうなずきながら聞いている映像《えいぞう》を使えば、とても熱心《ねっしん》な先生と、真面目《まじめ》に授業《じゅぎょう》を受ける生徒《せいと》たちというシーンになる。でもあなたがたまたまあくびをかみ殺《ころ》していたり、隣《となり》の席《せき》の誰《だれ》かが一瞬《いっしゅん》だけ窓《まど》の外を眺《なが》めているような映像《えいぞう》を使えば、先生の熱心《ねっしん》さが空回《からまわ》りしている授業《じゅぎょう》というシーンになる。

これがインサートだ。番組《ばんぐみ》を注意《ちゅうい》して見れば、こんなシーンはいくらでもある。そしてそんな場合《ばあい》、場《ば》の雰囲気《ふんいき》をどう再現《さいげん》するかは、編集者《へんしゅうしゃ》の思いのままなのだ。一生懸命《いっしょうけんめい》に先生の話を聞いているあなたと、あくびをかみ殺《ころ》しているあなたは、どちらも授業中《じゅぎょうちゅう》のあなただ。どちらも嘘《うそ》ではない。でもどちらをインサートに使うかで、授業《じゅぎょう》の印象《いんしょう》は大きく変《か》わる。いや、授業《じゅぎょう》だけじゃない。あなたへの印象《いんしょう》も、どちらを使うかでまったく変《か》わる。

メディアは最初から嘘だ

インサートは映像《えいぞう》の編集《へんしゅう》技術《ぎじゅつ》のひとつの例《れい》だ。他《ほか》にもいろんな技術《ぎじゅつ》がある。とにかく、映像《えいぞう》はこのように「作られる」ものだということを、まずあなたには知ってほしい。確《たし》かに事実《じじつ》の断片《だんぺん》を寄《よ》せ集《あつ》めてはいるけれど、できあがったものは事実《じじつ》の一部を切り取っただけ。つまり、メディアを通して見えるものは、事実《じじつ》の断片《だんぺん》を組み合わせてできた虚構《きょこう》（フィクション、作りごと）なのだ。

A

You look sleepy.
You look sleepy.
ENGLISH

B

You look sleepy.
You look sleepy.
ENGLISH

想像《そうぞう》してみてほしい。授業中《じゅぎょうちゅう》にテレビカメラが教室にあれば、誰《だれ》だって緊《きん》張《ちょう》する。誰《だれ》だって普段《ふだん》とは違《ちが》う言動《げんどう》をする。カメラが撮《と》るものは、カメラの存《そん》在《ざい》によって変《か》わった現実《げんじつ》だ。カメラが入らない、いつもの教室ではない。盗《ぬす》み撮《ど》りや監視《かんし》カメラの映像《えいぞう》は別《べつ》にして、カメラはそもそもありのままなど撮《と》れないのだ。

事実《じじつ》の断片《だんぺん》を集《あつ》めて、記者やディレクターが現場《げんば》で感じ取った真実《しんじつ》を追求《ついきゅう》する。それが影響力《えいきょうりょく》の大きいマスメディアのあるべき姿《すがた》だと、僕《ぼく》は思っている。

メディアをすべて信《しん》じ込《こ》んでしまうことには問題《もんだい》がある。でも、すべてを作りごとだと否定《ひてい》してしまうことも少し違《ちが》う。ほとんどの記者やディレクターは、そんな事実《じじつ》の断片《だんぺん》を集《あつ》めながら、彼《かれ》らにとっての真実《しんじつ》を描《えが》こうと懸命《けんめい》にがんばっている。でも中には、がんばっていない人もいる。あるいはがんばる方向が、視聴率《しちょうりつ》や部数などの数字を高くすることに向かう人もいる。記者やディレクターが伝《つた》えようとする真実《しんじつ》を、「客観性《きゃっかんせい》が足りない」とか「公正中立《こうせいちゅうりつ》でない」などの理由《りゆう》で、つぶそうとするデスクやプロデューサー（デスクは一般《いっぱん》の記者よりも、プロデューサーはディレクターよりも力をもつ場合《ばあい》が多い）もいる。

「切り上げ」と「切り捨て」

第3章《しょう》で僕《ぼく》は、0と1の例《れい》を挙《あ》げながら、メディアはわかりやすさをめざすと書いたよね。つまり四捨五入《ししゃごにゅう》。小数点以下のような小さな数字は、視聴者《しちょうしゃ》からわかりづらいとそっぽを向かれる可能性《かのうせい》があるから、メディアはこの切り上げと切り捨《す》てを当たり前のようにやる。

例《れい》を挙《あ》げよう。切り上げとは、よく問題《もんだい》になるヤラセ。ある村で雨乞《あまご》いの儀《ぎ》式《しき》がある。ロケ隊《たい》はそれを撮《と》りに行ったのだけど、今年は雨が多かったからやらないという。でもそれじゃ困《こま》る。何をしに来たかわからない。だから村人に頼《たの》んで、雨乞《あまご》いの儀式《ぎしき》を特別《とくべつ》にやってもらう。つまり再現《さいげん》してもらう。だから撮影《さつえい》された雨乞《あまご》いの儀式《ぎしき》は、どんな衣装《いしょう》を着るかとかどんな場所でやるかとか参加《さんか》する村人は誰《だれ》かなどの情報《じょうほう》に加《くわ》えて、ロケ隊《たい》に頼《たの》まれてやったということも重要《じゅうよう》な情報《じょうほう》となる。これもそのまま提示《ていじ》すればよいと僕《ぼく》は思うのだけど、ほとんどの場合《ばあい》、頼《たの》んだ過程《かてい》を省略《しょうりゃく》してしまう。これは切り捨《す》てだ。

この切り上げと切り捨《す》てで、テレビ番組《ばんぐみ》は作られる。番組《ばんぐみ》だけじゃない。ドキュメンタリー映画《えいが》（記録映画）や、新聞や雑誌《ざっし》の記事なども、基本的《きほんてき》には変《か》わらない。

料理《りょうり》と一緒《いっしょ》。あなたはカレーを作ったことがある？ 買《か》ってきたジャガイモやニンジンやタマネギを、そのまま鍋《なべ》の中に入れて、まるごと煮《に》る人はまずいない。皮をむかなくてはならない。切り分けなければならない。タマネギの根《ね》やジャガイモの芽《め》はのぞかないと。面取りをする人もいるだろう。豚肉《ぶたにく》もロースのかたまりのままでは食べづらい。切って脂身《あぶらみ》を削《けず》っておこう。次に油《あぶら》で炒《いた》める。塩《しお》こしょうも忘《わす》れずに。チャツネやターメリックなどの調味料《ちょうみりょう》を加《くわ》えれば、より本格的《ほんかくてき》な味になる。鍋《なべ》に水を入れて湯を沸《わ》かし、炒《いた》めた材料《ざいりょう》を入れる。浮《う》いた油《あぶら》や灰汁《あく》はすくって取り除《のぞ》いたほうがおいしい。カレールーを入れる。カレー粉《こ》と小麦粉《こむぎこ》を別《べつ》に炒《いた》めておいて入れる人もいる。こうしてカレーができる。皿《さら》にごはんを盛《も》ってカレーをかける。できあがったカレーライスを食べながら、ジャガイモやタマネギのもとの形がないと怒《おこ》る人はいないだろう。確《たし》かに素材《そざい》はジャガイモやタマネギやニンジンだけど、そのままでは料理《りょうり》にならない。

もちろんニュースの場合《ばあい》は、できるだけ素材《そざい》を切り刻《きざ》んだり調味料《ちょうみりょう》を使ったりしないほうがいい。でもテレビの場合《ばあい》は時間が、新聞の場合《ばあい》は紙面《しめん》が、一定《いってい》の量《りょう》に限《かぎ》られている。皿《さら》におさまる料理《りょうり》に仕上げなければならない。だから調《ちょう》理《り》をしながら、いかに素材《そざい》の味を引き出すか、客《きゃく》の好《この》みに合わせるかが問題《もんだい》になる。そこでは素材《そざい》の味より、刺激的《しげきてき》でこってりした味が好《この》まれる。わかりやすいおいしさかもしれないけれど、もともとの素材《そざい》の味は残《のこ》っていない。好《この》まれるのは、カレーらしいと多数派《たすうは》が思う味なのだ。

ヤラセと演出

「森《もり》さんはヤラセをやったことはありますか？」と時おり訊《たず》ねられる。そんなとき僕《ぼく》は、その質問《しつもん》をした人が、どんな意味でヤラセという言葉を使ったのかを聞き返すようにしている。

事実《じじつ》にないことを捏造《ねつぞう》する。これがヤラセだ。事実《じじつ》は確《たし》かにある。でもその事実《じじつ》をそのまま皿《さら》に載《の》せても味が薄《うす》い。だからみんなが喜《よろこ》んで食べてくれるように調理《ちょうり》をする。これは演出《えんしゅつ》だ。

ヤラセと演出《えんしゅつ》のあいだは、実《じつ》はとても曖昧《あいまい》でわかりづらい。そんなに単純《たんじゅん》な問題《もんだい》じゃない。ひとつだけ言えることは、自分が現場《げんば》で感じ取った真実《しんじつ》は、曲げてはならないということだ。

「たったひとつの真実《しんじつ》を追求《ついきゅう》します」

こんな台詞《せりふ》を口にするメディア関係者《かんけいしゃ》がもしいたら、あまりその人の言うことは信用《しんよう》しないほうがいい。確《たし》かに台詞《せりふ》としてはとても格好《かっこう》いい。でもね、この人は決定的《けっていてき》な間違《まちが》いを犯《おか》している。そして自分がその間違《まちが》いを犯《おか》していることに気づいていない。

真実《しんじつ》はひとつじゃないと言ったら、あなたは驚《おどろ》くだろうか。でもそうなんだ。事実《じじつ》は確《たし》かにひとつだよ。ここに誰《だれ》かがいる。誰《だれ》かが何かを言う。その言葉を聞いた誰《だれ》かが何かをする。たとえばここまでは事実《じじつ》。でもこの事実《じじつ》も、どこから見るかで全然違《ぜんぜんちが》う。つまり視点《してん》。思い出してほしい。事実《じじつ》は、限《かぎ》りなく多面体《ためんたい》なのだ。

事実は複雑だ

あなたのクラスの授業《じゅぎょう》にカメラが入るとする。カメラをどこに置《お》くかで見えるものはまったく違《ちが》う。先生の立っている場所《ばしょ》にカメラを置《お》く場合《ばあい》と、問題児《もんだいじ》と見られている生徒《せいと》の席《せき》のすぐそばにカメラを置《お》く場合《ばあい》とで、見え方はまったく変わる。

これが事実《じじつ》。現象《げんしょう》や事件《じけん》、物事《ものごと》にはいろんな側面《そくめん》がある。あなたが今日、夕ごはんを食べながら、「最近《さいきん》あまり勉強していないんじゃない？」とお母さんに言われて、思わず口答えをしたとする。口答えの理由は何だろう？

ある人は、「あの子は最近《さいきん》お母さんが口うるさいと思っていらいらしていたんだよ」と言う。また別《べつ》の人は、「自分ではやっているつもりだったから、お母さんはわかってないと思ったんだ」と言う。またもうひとりの人は、「実《じつ》は最近《さいきん》、自分でも確《たし》かに勉強時間が足りないと思っていたので、痛《いた》いところを突《つ》かれてつい反抗《はんこう》してしまったんだよ」と言う。「別《べつ》の心配事《しんぱいごと》があってそれが気になっていて、思わず口答えしてしまったのさ」と説明《せつめい》する人もいるかもしれない。

あなたの本当の心情《しんじょう》は僕《ぼく》にはわからないけれど、でもどれかひとつだけが正《せい》解《かい》で、あとは全部間違《まちが》っているということはないんじゃないかな。事件《じけん》や現《げん》象《しょう》は、いろんな要素《ようそ》が複雑《ふくざつ》にからみあってできている。どこから見るかで全然《ぜんぜん》違《ちが》う。

その複雑《ふくざつ》な多面体《ためんたい》が事実《じじつ》。でもこれを正確《せいかく》に伝《つた》えることなどできない。だからメディアはどれかひとつの視点《してん》から報道《ほうどう》する。それは現場《げんば》に行った記者やディレクターにしてみれば、彼《かれ》や彼女《かのじょ》の真実《しんじつ》なのだ。

視点《してん》を変《か》えれば、また違《ちが》う世界が現《あらわ》れる。視点《してん》は人それぞれで違《ちが》う。だから本当は、もっといろんな角度《かくど》からの視点《してん》をメディアは提示《ていじ》するべきなのだ。いや、提示《ていじ》できるはずなのだ。

でも不思議《ふしぎ》なことに、ある事件《じけん》や現象《げんしょう》に対して、メディアの論調《ろんちょう》は横並《よこなら》びになる。とても似通《にかよ》ってしまう。なぜならその視点《してん》が、最《もっと》も視聴者《しちょうしゃ》や読者に支《し》持《じ》されるからだ。

だからあなたに覚《おぼ》えていてほしい。事実《じじつ》は限《かぎ》りない多面体《ためんたい》であること。メディアが提供《ていきょう》する断面《だんめん》は、あくまでもそのひとつでしかないということ。もしも自分が現場《げんば》に行ったなら、全然違《ぜんぜんちが》う世界が現《あらわ》れる可能性《かのうせい》はとても高いということ。

ニュースのうしろに消えるもの

「彼《かれ》や彼女《かのじょ》の真実《しんじつ》」とさっき僕《ぼく》は書いた。そのときに、必《かなら》ず守《まも》らなければならない一線《いっせん》がある。それは自分が現場《げんば》で取材《しゅざい》した事実《じじつ》、また自分が現場《げんば》で感じたことに対して、記者やディレクターは誠実《せいじつ》であるべきだ、ということ。

オウム真理教《しんりきょう》の信者《しんじゃ》たちが、とても善良《ぜんりょう》で気弱《きよわ》で純粋《じゅんすい》であることに、現場《げんば》で取材《しゅざい》をしている記者やディレクターのうち、気づいている人もいた。でも彼《かれ》らは、そうした一面《いちめん》を報道《ほうどう》しなかった。もしも報道《ほうどう》したなら、抗議《こうぎ》が殺到《さっとう》していただろう。視聴率《しちょうりつ》や部数が下がる可能性《かのうせい》も確《たし》かにある。スポンサー企業《きぎょう》の担《たん》当者《とうしゃ》だって、「何であんな報道《ほうどう》をしたのですか」と怒《おこ》るかもしれない。

それと、大きな組織《そしき》の場合《ばあい》、実際《じっさい》には現場《げんば》を知らない人が大きな権限《けんげん》をもっていることが普通《ふつう》だ。そんな人たちに、現場《げんば》を取材した記者が「実《じつ》は違《ちが》います」と言っても、なかなか理解《りかい》してくれない。

たとえば、日本に良《よ》い印象《いんしょう》をもつ中国人が増《ふ》えている。でも日本が嫌《きら》いな人もいる。ところが日本が嫌《きら》いな人たちばかりにフォーカスするメディアがある。そのほうが視聴率《しちょうりつ》や部数が上がるからだ。その結果《けっか》として、中国中が日本を嫌《きら》っている、と勘違《かんちが》いする日本人が増《ふ》えてくる。もちろんこれは中国のメディアも同じ。こうして二つの国のメディアがあおり続《つづ》けて、互いに現実《げんじつ》とはかけ離《はな》れた印象《いんしょう》を信《しん》じ込《こ》んでしまう。

僕《ぼく》は今、大学でジャーナリズム論《ろん》を教《おし》えている。昨年《さくねん》の前期《ぜんき》の授業《じゅぎょう》の最終《さいしゅう》日《び》、ひとりの中国人留学生《りゅうがくせい》が手を挙《あ》げて「発言《はつげん》してもいいですか」と言った。もちろんオーケー。僕《ぼく》にそう言われて立ち上がった彼《かれ》は、「日本の書店《しょてん》に行くと、中国や中国人のことを悪《わる》く書く本がとてもたくさん目につきます」と言った。

「この授業《じゅぎょう》を受けている皆《みな》さんは、中国でも同じように反日《はんにち》をテーマにした本がたくさん出版されている、と思っているのかもしれません。でもそんなことはありません。中国の書店《しょてん》でそんな本を見かけたことは、僕《ぼく》はほとんどないです。僕《ぼく》も含めて中国人の多くは、日本が大好きです。だから僕《ぼく》は日本を留学先《りゅうがくさき》に選《えら》びました。だからこんなにたくさんの観光客《かんこうきゃく》が中国から日本に来るのです」

そこまでを言ってから彼《かれ》は着席《ちゃくせき》した。肩《かた》が少し震《ふる》えていた。涙《なみだ》ぐんでいたのかもしれない。日本人学生はしばらく沈黙《ちんもく》。でもひとりが、彼《かれ》に同意《どうい》を示《しめ》すように小さな拍手《はくしゅ》を始《はじ》め、やがて学生みんながうなずきながら大きく拍手《はくしゅ》をした。そんな様子《ようす》を教壇《きょうだん》から見つめながら、僕《ぼく》も彼《かれ》の勇気《ゆうき》に少しだけ感激《かんげき》していた。

だからあなたに何度でも言いたい。メディアは事実《じじつ》の断片《だんぺん》だけを伝《つた》える。それは完全《かんぜん》な嘘《うそ》ではない。でも真実《しんじつ》でもない。その意識《いしき》を常《つね》にもち続《つづ》けてほしい。

間違いが作られるとき

切り上げと切り捨《す》ては、小数点以下《いか》の数字で決めるよね。1・5以上《いじょう》は2。1・4は1。切り上げや切り捨《す》ては、メディアの宿命《しゅくめい》でもある。だからそれがある一定《いってい》のルール、つまり四捨五入《ししゃごにゅう》の法則《ほうそく》にきちんと従《したが》っているのなら、見方を変《か》えればそれほど悪質《あくしつ》ではないと言えるかもしれない。ところが実《じつ》のところ、7・8でも7にしてしまう場合《ばあい》がある。あるいは5・2でも6にしてしまう場合《ばあい》がある。とても強引《ごういん》な切り上げや切り捨《す》てだ。見ているほうは、もちろんもとの数字はわからない。こうしてどんどん事実《じじつ》とかけ離《はな》れた情報《じょうほう》が広がる。しかもテレビの場合《ばあい》、見る人の数は圧倒的《あっとうてき》に多い。こうして多数派《たすうは》ができ、それが民意《みんい》と呼《よ》ばれる。政治《せいじ》もこの民意《みんい》には敵《かな》わない。なぜなら民意《みんい》を敵《てき》に回すと、政治家《せいじか》は次の選挙《せんきょ》で落選《らくせん》するかもしれないからだ。民意《みんい》で国の政策《せいさく》を変《か》えた例《れい》は、歴史《れきし》にたくさんある。

市場原理とメディア

なぜ四捨五入《ししゃごにゅう》の法則《ほうそく》が働《はたら》かないときがあるのだろう。政治家《せいじか》やスポンサーからの圧力《あつりょく》の場合《ばあい》もある。視聴者《しちょうしゃ》からの抗議《こうぎ》を恐《おそ》れるときもある。でも最大《さいだい》の理由は、強引《ごういん》な切り上げや切り捨《す》てをしたほうが、視聴率《しちょうりつ》や部数が上がる場《ば》合《あい》があるからだ。

第二次世界大戦《だいにじせかいたいせん》が始《はじ》まる前、中国に日本の軍隊《ぐんたい》が侵攻《しんこう》したころ、当時《とうじ》の新聞が戦争《せんそう》を肯定《こうてい》する記事を書いて、軍部《ぐんぶ》が力をつけることに大きな役割《やくわり》を果《は》たしたことは第2章《しょう》で書いた。要《よう》するに新聞は、政府《せいふ》や軍部《ぐんぶ》のプロパガンダのためのメディアになってしまった。

この理由を、軍部《ぐんぶ》からの弾圧《だんあつ》があったからだとする説《せつ》がある。確《たし》かに当時《とうじ》は「新聞紙法《しんぶんしほう》」という法律《ほうりつ》があった。政府《せいふ》が検閲《けんえつ》し、頒布《はんぷ》が禁止《きんし》されることもあった。検閲《けんえつ》とは、国や公務員《こうむいん》が記事や放送内容を事前《じぜん》に調《しら》べること。今では、憲法《けんぽう》で禁止《きんし》されている。でもそれだけが理由《りゆう》じゃない。

当時の日本の大手《おおて》新聞は、大阪朝日と東京日日《にちにち》（今の毎日）の二大紙《にだいし》だった。

朝日は、最初《さいしょ》は軍部《ぐんぶ》の中国大陸進出《たいりくしんしゅつ》に対して批判的《ひはんてき》だった。でもそんな方針《ほうしん》を続《つづ》けるうちに各地《かくち》で不買運動《ふばいうんどう》が起こり、販売《はんばい》部数が下がってきた。そこに、すでに戦争推進派《せんそうすいしんは》だった日日《にちにち》新聞が食い込《こ》み、販売《はんばい》部数を伸《の》ばした。あわてた朝日も軍部支持《ぐんぶしじ》に回った。中国で戦《たたか》う兵士《へいし》の勇《いさ》ましい様子《ようす》を連日《れんじつ》記事にした。国民は熱狂《ねっきょう》した。日日《にちにち》新聞も負けずに、兵士《へいし》たちの美談《びだん》を記事にした。

こうしていつのまにか、二つの新聞は競争《きょうそう》して、戦争《せんそう》を応援《おうえん》して鼓舞《こぶ》するような記事ばかりを掲載《けいさい》するようになった。二大紙《にだいし》に後《おく》れをとっていた読売《よみうり》新聞もこの競争《きょうそう》に参入《さんにゅう》してきた。読売《よみうり》はもっと勇《いさ》ましかった。部数が伸《の》びた。朝日と日日《にちにち》はあわてた。もっと勇《いさ》ましい記事を書いた。

戦死《せんし》した兵士《へいし》は英雄《えいゆう》として賞賛《しょうさん》され、感動《かんどう》した国民はますます戦争《せんそう》を支持《しじ》する。軍部《ぐんぶ》はますます力をつけてメディアに対して規制《きせい》を強《つよ》める。そうして気がついたら、軍部《ぐんぶ》の暴走《ぼうそう》を止める力は日本のどこにもなくなっていた。

戦争中《せんそうちゅう》のメディアは、「大本営発表《だいほんえいはっぴょう》」という軍部《ぐんぶ》のプロパガンダ（宣伝《せんでん》）機関《きかん》そのものだった。大本営《だいほんえい》とは当時あった天皇直属《てんのうちょくぞく》の軍《ぐん》の最高機関《さいこうきかん》で、日本の敗戦《はいせん》が濃厚《のうこう》だった戦況《せんきょう》を嘘《うそ》や隠蔽《いんぺい》でごまかし続《つづ》けた。新聞もそれを垂《た》れ流《なが》し続《つづ》けた結果《けっか》、国民の大多数《だいたすう》は、天皇《てんのう》がラジオで敗戦《はいせん》を発表するまで、あの戦争《せんそう》に勝つものだと信《しん》じていた。

日本は資本主義社会《しほんしゅぎしゃかい》だ。だから自由競争《じゆうきょうそう》が原則《げんそく》。これを市場原理《しじょうげんり》という。でもこの市場原理《しじょうげんり》が、メディアをひとつの方向に導《みちび》くことはとても多い。

オウムを極悪集団《ごくあくしゅうだん》と決めつけるのも、事件《じけん》の加害者《かがいしゃ》はとにかく悪いやつで被害者《ひがいしゃ》は可哀想《かわいそう》と大合唱《だいがっしょう》が始《はじ》まるのも、実《じつ》は全部、この市場原理《しじょうげんり》の結果《けっか》なのだ。

間違いを望むのは誰？

ここで質問《しつもん》。この市場原理《しじょうげんり》を作っている人は誰《だれ》だろう？
ゆっくり考えよう。とても大事《だいじ》なことだ。

わかった？　わかったよね。でも一応《いちおう》答えを書くよ。

それは僕《ぼく》であり、あなたである。

僕《ぼく》やあなたを含《ふく》めての視聴者《しちょうしゃ》や購読者《こうどくしゃ》が、市場原理《しじょうげんり》の主体《しゅたい》となる。僕《ぼく》らが戦争《せんそう》を望《のぞ》まなければ、メディアも戦争《せんそう》を翼賛《よくさん》するような書き方をしなくなる。
テレビのすべてのチャンネルが同じニュースばかりになったら、ちょっと立ち止まって考えてほしい。「世の中には他《ほか》にも大事《だいじ》なことがあるはずだ」という視点《してん》に立つ人が多ければ、番組《ばんぐみ》の作り方も変《か》わる。

視聴率《しちょうりつ》や部数が下がっても、作り手にとっての真実《しんじつ》を追求《ついきゅう》してほしい。僕《ぼく》も本音《ほんね》ではメディアにそう言いたい。でも同時《どうじ》に、それがとても難《むずか》しいことも知っている。テレビの場合《ばあい》、この市場原理《しじょうげんり》から解《と》き放《はな》たれることを約束《やくそく》されたのが、公共放送《こうきょうほうそう》であるＮＨＫだ。

でも今のＮＨＫは、確《たし》かに視聴率《しちょうりつ》は民放《みんぽう》（ＮＨＫ以外《いがい》の民間放送局《みんかんほうそうきょく》）ほどには気にしなくて済《す》むけれど、その代わり、政府《せいふ》の意向《いこう》をとても気にするようになってしまった。これでは困《こま》る。独裁国家《どくさいこっか》の国営放送《こくえいほうそう》になってしまう。ときには政府《せいふ》をちゃんと批判《ひはん》してほしいのだけど、今のＮＨＫは、なかなかそれができない組織《そしき》になってしまった。

でもだからといって、なくなってしまったら困《こま》る。誰《だれ》が困《こま》るのか？　ＮＨＫの職員《しょくいん》だけじゃない。本当に困《こま》るのは僕《ぼく》たちだ。

かつてテレビの仕事《しごと》をしていたころ、初《はじ》めて会う人によく言われた。

「どうして今のテレビはあんなにくだらないんですか。特《とく》にゴールデンタイム。バカバカしいバラエティばかりじゃないですか。ニュースだってワイドショーと見分けがつかない。もう少しちゃんとした番組《ばんぐみ》をやってくださいよ」

何も言い返せない。僕《ぼく》はうなだれるばかり。でも本当は言い返したいことはある。テレビ業界《ぎょうかい》の中にも、複雑《ふくざつ》な現実《げんじつ》を伝《つた》えるための番組《ばんぐみ》を作りたいと努力《どりょく》している人はおおぜいいる。でもゴールデンタイムでそんな番組《ばんぐみ》を放送《ほうそう》しても、視聴率《しちょうりつ》は間違《まちが》いなく低迷《ていめい》する。だから消えてしまう。その視聴率《しちょうりつ》を決めているのは、テレビを観《み》ているあなたであり、僕《ぼく》なのだ。

もう一度書くよ。僕《ぼく》たちはメディアから情報《じょうほう》を受け取る。そして世界観《かん》を作る。でもそのメディアの情報《じょうほう》に、大きな影響力《えいきょうりょく》を与《あた》えているのも僕《ぼく》たちだ。メディアが何でもかんでも四捨五入《ししゃごにゅう》してしまうのも、その四捨五入《ししゃごにゅう》がときには歪《ゆが》むのも、実際《じっさい》の物事《ものごと》を誇張《こちょう》するのも、ときには隠《かく》してしまうのも、（すべてとは言わないけれど）僕《ぼく》たちひとりひとりの無意識《むいしき》の欲望《よくぼう》や、すっきりしたいという衝動《しょうどう》や、誰《だれ》かにわかりやすい答えを教えてほしいという願望《がんぼう》に、メディアが忠実《ちゅうじつ》に応《こた》えようとした結果《けっか》なのだ。

メディアはあおる

二〇世紀前半《せいきぜんはん》、メディアは二つの世界大戦《たいせん》という大きな間違《まちが》いの立役者《たてやくしゃ》となった。でもこれは過去形《かこけい》ではない。今も続《つづ》いている。一九九四年、第１章《しょう》で書いた松本《まつもと》サリン事件《じけん》が起《お》きた年、アフリカのルワンダで大規模《だいきぼ》な虐殺《ぎゃくさつ》があった。もともと民族《みんぞく》も言語《げんご》も同じであった少数派のツチ族《ぞく》の人々を、多数派《たすうは》であるフツ族《ぞく》の人々が手当《てあ》たりしだいに殺《ころ》し始《はじ》めた。虐殺《ぎゃくさつ》された人の数の推定《すいてい》は五〇万人から一〇〇万人。

原因《げんいん》はもちろんひとつじゃない。現象《げんしょう》は多面的《ためんてき》だ。いろんな要因《よういん》が働《はたら》いている。でも後《のち》の調査《ちょうさ》で、ラジオが大きな要因《よういん》になったことが判明《はんめい》した。主《おも》にフツ族《ぞく》の人がよく聴《き》いていたラジオが、「ツチ族《ぞく》は危険《きけん》だ。やられる前にやらねばならない」と扇動《せんどう》（気持ちをあおって行動《こうどう》させること）する放送《ほうそう》を繰《く》り返《かえ》していた。発展途上国《はってんとじょうこく》のルワンダでは、ラジオが大きな影響力《えいきょうりょく》をもつメディアだったのだ。

ナチスの最高幹部《さいこうかんぶ》だったゲーリングが、戦争《せんそう》を起《お》こすときには「危機《きき》をあおればいい」と証言《しょうげん》したことは第2章《しょう》で書いた。もちろん戦争《せんそう》を起《お》こしたいと考える権力者《けんりょくしゃ》がメディアを利用する場合《ばあい》もあるけれど、メディアはそもそも、不安《ふあん》や危機《きき》をあおることがとても得意《とくい》だ。なぜかわかるよね。そのほうが視《し》聴率《ちょうりつ》や部数は伸《の》びるからだ。

時おり僕《ぼく》は、人類《じんるい》は何で滅《ほろ》ぶのだろうかと考える。

①宇宙人《うちゅうじん》の襲来《しゅうらい》
②隕石《いんせき》の落下《らっか》
③氷河期《ひょうがき》

あなたはどう思う？　正解《せいかい》はもちろんわからない。わからないけれど、僕《ぼく》は時々、人類《じんるい》は進化《しんか》しすぎたメディアによって滅《ほろ》ぶのじゃないかと考える。

杞憂《きゆう》であってほしい。それに仮《かり》にメディアが危険《きけん》な存在《そんざい》であっても、もう人《じん》類《るい》はこれを手放《てばな》せない。水や空気と同じように、メディアはそこにあって当然《とうぜん》なものになってしまった。

僕らは思い込む

この本のいちばん最初《さいしょ》に、僕《ぼく》はステレオタイプの話をしたね。覚《おぼ》えている？日本語にすれば「型《かた》」や「類型《るいけい》」。実際《じっさい》にはとてもいろんな要素《ようそ》があるのに、いちばんイメージしやすい要素《ようそ》だけが標準《ひょうじゅん》であるかのように錯覚《さっかく》し、やがてそれがすべてであるかのように思い込《こ》んでしまうことをいう。

アフリカという言葉を聞いて、ジャングルや狩《かり》をする先住民《せんじゅうみん》などのイメージをもしあなたがもつのなら、それはまさしくステレオタイプだ。アフリカにはジャングルだけじゃなくて砂漠《さばく》もある。田舎《いなか》もあれば都市《とし》もある。伝統的《でんとうてき》な生活をする人たちもいるけれど、都会《とかい》ではスーツを着こなしたサラリーマンたちが、スマホを片手に忙《いそが》しく働《はたら》いている。

世界中の人々の世界観《かん》は、さまざまなステレオタイプで成《な》り立っている。あなただけじゃない。いまだに日本では、男の人はみんな眼鏡《めがね》をかけてカメラを首から提《さ》げているとか、女の人は日本髪《にほんがみ》を結《ゆ》って和服《わふく》を着ていると思い込《こ》んでいる人たちが、世界にはおおぜいいる。

そんなイメージは間違《まちが》っているだけじゃなくて、「彼《かれ》らは自分たちとは違《ちが》う」という意識《いしき》を、必要以上《ひつよういじょう》に強《つよ》く人々に与《あた》えてしまう。

アフリカの人たちもパソコンを使う。スマホだって普通《ふつう》に使っている。もちろん地域《ちいき》や人によって差《さ》はある。でもそれは日本も一緒《いっしょ》。笑《わら》ったり泣《な》いたり愚《ぐ》痴《ち》を言ったり、誰《だれ》かを愛《あい》したり愛《あい》されたり裏切《うらぎ》ったり裏切《うらぎ》られたり、絶望《ぜつぼう》してそしてまた希望《きぼう》をもって親《おや》を愛《あい》し子どもを愛《あい》し、そんな人々の営《いとな》みは世界中一《いっ》緒《しょ》。言葉や宗教《しゅうきょう》や民族《みんぞく》が違《ちが》っても、人の体温《たいおん》は世界中みんな同じであることが示《しめ》すように、中身《なかみ》はほとんど変《か》わらない。

ところが極端《きょくたん》なステレオタイプは、人を記号《きごう》にしてしまう。喜《よろこ》びや悲《かな》しみや苦《くる》しみという感情《かんじょう》を自分と同じようにもつ存在《そんざい》ではなく、ひとつの括《くく》りにしてしまう。かつてメディアが今のように発達《はったつ》していなかったころ、そんなステレオタイプが世界を覆《おお》っていた。だから植民地主義《しょくみんちしゅぎ》があった。だから奴隷制度《どれいせいど》があった。だから戦争《せんそう》があった。だから虐殺《ぎゃくさつ》があった。

メディアが発達《はったつ》すれば、そんなステレオタイプは消《き》えてしまうはずだと昔の人は思っていた。メディアはこの世界から、戦争《せんそう》や虐殺《ぎゃくさつ》や飢餓《きが》をなくすはずだと信《しん》じていた。

思い込みを変えるのもメディア

確《たし》かにメディアは急速《きゅうそく》に進化《しんか》した。僕《ぼく》たちは自分の部屋《へや》から一歩も出ることなく、世界のいろんなことを知ることができるようになった。でもここに考え違《ちが》いがあった。メディアが流《なが》す情報量《じょうほうりょう》はかつてとは比《くら》べものにならないくらいに増《ふ》えたけれど、それを受け取る人の時間は、一日二四時間で昔と変《か》わらない。だからメディアは、いろんな現象《げんしょう》や事件《じけん》を、効率《こうりつ》のよい情報《じょうほう》にまとめだした。つまり簡略化《かんりゃくか》。この過程《かてい》で、いろんな地域《ちいき》、国、組織《そしき》に属《ぞく》する人たちが、またステレオタイプに押《お》し込《こ》まれた。

これでは何も変《か》わらない。いや変《か》わらないどころか、情報《じょうほう》をわかりやすく簡《かん》略化《りゃくか》する競争《きょうそう》に巻《ま》き込《こ》まれたメディアは、このステレオタイプを世界中にまき散《ち》らす。

だから戦争《せんそう》はなくならなかった。新《あたら》しい脅威《きょうい》としてテロも生まれた。新《あら》たなメディアとしてインターネットも加《くわ》わった。不安《ふあん》と恐怖《きょうふ》はメディアを通して世界中に広がった。

そんなメディアなどなくてもいい。あなたはそう思うかもしれない。僕《ぼく》も時おりそう思う。でももう一度書くけれど、メディアは水や空気のように、道路《どうろ》や橋《はし》のように、僕《ぼく》たちの生活にとって、なくてはならない存在《そんざい》になってしまった。今さら手放《てばな》せない。

そして何よりも、ステレオタイプを壊《こわ》してくれる可能性《かのうせい》をもつのもメディアなのだ。人が憎《にく》み合い、傷《きず》つけ合うばかりのこの世界を、大きく変《か》えてくれる可能性《かのうせい》をもつのもメディアなのだ。

だからリテラシーは重要《じゅうよう》だ。正しくメディアを見たり聞いたり読んだりすることは、この世界について、正しく思うことと同じ意味《いみ》だ。そのうえで考える。自分は何をしたいのか。世界はどうあるべきなのか。何が正しいのか。何が間《ま》違《ちが》っているのか。

僕《ぼく》たちがリテラシーを身につければ、きっとメディアも変《か》わる。変《か》わったメディアによって、僕《ぼく》たちはもっと変《か》わる。そうすればきっと、世界は今よりはいい方向に進む。

第 5 章

フェイクニュースに強くなるために

世界はグラデーションだ

風景画《ふうけいが》を描《か》くとしよう。まずは白い紙《かみ》と絵の具と筆《ふで》を用意《ようい》する。樹木《じゅもく》の葉《は》っぱを描《か》くとき、あなたは何色《なにいろ》を使うかな。緑《みどり》のチューブしか使わない？　そんなことはないと思う。黄緑色《きみどりいろ》や、黄緑《きみどり》がなければ黄色《きいろ》を混《ま》ぜたり、少しの茶《ちゃ》色《いろ》や赤《あか》を混《ま》ぜるかもしれない。空《そら》の青《あお》や人の肌《はだ》や地面を描《か》くときはどうだろう？　様々《さまざま》な色が重《かさ》なったり混《ま》じり合《あ》ったりすることで、白い紙《かみ》の中の世界は、あなたが感《かん》じたリアルな世界に近づくはずだ。

でも多くの人は複雑《ふくざつ》さよりも単純《たんじゅん》さを好《この》む。この人は悪《わる》い人。あの人は正義《せいぎ》の人。あれは黒《くろ》。ならばこれは白。1に1を足せば2。小数点以下《いか》は切《き》り捨《す》て。だって単純《たんじゅん》なほうがわかりやすい。

こうしてメディアは多面的《ためんてき》な見方ができなくなる。ある意味《いみ》で当たり前だ。

多くの人が求《もと》めないチョコレートやキャンディばかりを作っている菓子《かし》メーカーは業績不振《ぎょうせきふしん》に陥《おちい》るはずだ。深海魚《しんかいぎょ》しか売《う》らない魚屋《さかなや》さんはつぶれてしまう。商品《しょうひん》はマーケットによって規定《きてい》される。そのマーケットの指標《しひょう》はテレビなら視聴率《しちょうりつ》、出版なら発行部数《はっこうぶすう》、インターネットならクリック数《すう》。SNSなら「いいね！」に現《あらわ》れる。これらの数《かず》を増《ふ》やすためにはできるだけ情報《じょうほう》を簡略化《かんりゃくか》し、AかBのどちらかに分けねばならない。こうしてAかBしかない世界ができあがる。CやDやEの可能性《かのうせい》を排除《はいじょ》した世界だ。単色《たんしょく》で扁平《へんぺい》な世界。つまりフェイク。フェイクとは、嘘《うそ》や偽《いつわ》り。

二〇一四年二月、ゴーストライター騒動《そうどう》が大きな話題《わだい》になった。聴覚障害《ちょうかくしょうがい》をもつ人気作曲家《にんきさっきょくか》、佐村河内守《さむらごうちまもる》さんにゴーストライター（陰《かげ》の作者《さくしゃ》）がいたことが曝露《ばくろ》されたのだ。音楽家《おんがくか》の新垣隆《にいがきたかし》さんが、一八年にわたって佐村河内《さむらごうち》さんに頼《たの》まれて作曲《さっきょく》していたと告白《こくはく》した。同時《どうじ》に新垣《にいがき》さんは、佐村河内《さむらごうち》さんは実際《じっさい》は耳が聞こえている、と発言《はつげん》した。これを受けて佐村河内《さむらごうち》さんは、新垣《にいがき》さんに作曲《さっきょく》を依頼《いらい》していたことを認《みと》めて謝罪会見《しゃざいかいけん》を開《ひら》いた。このとき聴覚障害《ちょうかくしょうがい》については本当である、と主張《しゅちょう》したが、メディアによるバッシングの矛先《ほこさき》は佐村《さむら》河内《ごうち》さんに集中《しゅうちゅう》し、その後《ご》、彼《かれ》は口を閉《と》ざし続《つづ》けた。

その年の夏《なつ》、あるきっかけで佐村河内《さむらごうち》さんに会った僕《ぼく》は、彼《かれ》を被写体《ひしゃたい》にしたドキュメンタリー映画《えいが》を撮影《さつえい》したいと思い立ち、カメラを回《まわ》し始《はじ》めた。それは二〇一六年、『FAKE』という映画《えいが》として完成《かんせい》した。

メディアも社会《しゃかい》の多数派《たすうは》も、ＡかＢかを知りたがる。騒動《そうどう》をきっかけに「全《ぜん》ろうの天才作曲家《てんさいさっきょくか》」が「聴《き》こえているのに聴《き》こえないふりをしていたペテン師《し》」に反転《はんてん》したように、その中間《ちゅうかん》が見事《みごと》にない。映画《えいが》を観《み》てもらえればわかるのだけれど、佐村河内《さむらごうち》さんは「感音性難聴《かんおんせいなんちょう》」といって、聴《き》こえる音と聴《き》こえない音がある。日によって耳の調子《ちょうし》も違《ちが》う。口の動《うご》きなどで言葉《ことば》を読《よ》みとれるから、会話《かいわ》が成立《せいりつ》することだってある。ある一瞬《いっしゅん》だけを切《き》り取《と》って「聴《き》こえるか、聴《き》こえないか」などと白黒《しろくろ》をつけることは、実《じつ》はとても難《むずか》しい。

聴覚《ちょうかく》だけじゃない。たとえば視覚《しかく》でも、一〇〇パーセント見える、見えないと言い切《き》れない見え方がたくさんある。近眼《きんがん》の人もいれば、弱視《じゃくし》（近視《きんし》より見えないけれどまったく見えないわけじゃない）の人もいる。片方《かたほう》が見えない人もいるし、色《いろ》の判別《はんべつ》ができない人もいる。僕《ぼく》たちが生きている世界は、いろんな色が混《ま》じり合《あ》っている。緑《みどり》と黄色《きいろ》の間《あいだ》にもいろんな色がある。異《こと》なる色が段階《だんかい》的《てき》に変《か》わっていくその変化《へんか》をグラデーションという。それがあるから世界は豊《ゆた》かで美《うつく》しい。僕《ぼく》はそう思っている。

自由はこわい？

また質問《しつもん》をするよ。広い野原《のはら》で、好きなところに行っていいと言われたらあなたはどうする？

これも答えがない問《と》いだから、好きなようにイメージしてほしい。

そんなこといきなり質問《しつもん》されても困《こま》る？　どうしていいかわからなくて、野《の》原《はら》に立ち尽《つ》くす人もいるかもしれない。実《じつ》はそういう人は、少なくない。

『自由《じゆう》からの逃走《とうそう》』という本がある。エーリッヒ・フロムという精神分析学者《せいしんぶんせきがくしゃ》が第二次世界大戦中《だいにじせかいたいせんちゅう》の一九四一年に発表《はっぴょう》した。当時《とうじ》、世界で最《もっと》も民主的《みんしゅてき》と謳《うた》われたワイマール憲法《けんぽう》をもっていたドイツが、なぜヒトラーとナチスドイツを支《し》持《じ》するようになったのか。その理由《りゆう》を、「自由《じゆう》」をキーワードに考察《こうさつ》した本だ。

要約《ようやく》するとこんな内容《ないよう》。社会における自由《じゆう》（つまり、自立《じりつ》すること）のための交換条件《こうかんじょうけん》として、人は自然《しぜん》や母《はは》など、昔《むかし》は誰《だれ》もがつながっていた絆《きずな》から切《き》り離《はな》された。絆《きずな》を失《うしな》った人は、孤独《こどく》で不安《ふあん》になる。不安《ふあん》な人は安定《あんてい》や安心《あんしん》を得《え》ようと、民族《みんぞく》や国家《こっか》、多数派《たすうは》といった近代的《きんだいてき》な絆《きずな》に逃《に》げる。それは同時《どうじ》に、自《じ》由《ゆう》を手放《てばな》すことでもあった。自分から進《すす》んで何かに隷属《れいぞく》（一方的《いっぽうてき》に従《したが》うこと）をしてしまう。でも本人《ほんにん》は、それに気づいていない。

フロムは近代《きんだい》に顕著《けんちょ》な現象《げんしょう》として考察《こうさつ》したけれど、人はそもそも一人でいることに耐《た》えられない生きものだ。一六世紀の思想家《しそうか》エティエンヌ・ド・ラ・ボエシは、これを「自発的隷従《じはつてきれいじゅう》」と呼《よ》んだ。隷従《れいじゅう》の意味《いみ》は「付《つ》き従《したが》い言うなりになる」こと。ボエシはこれに「自発的《じはつてき》」を付《つ》ける。つまり自分から望《のぞ》んで誰《だれ》かに付《つ》き従《したが》い、言うなりになること。そんなこと普通《ふつう》ならありえない、とあなたは思うかもしれない。でも実《じつ》はとても普遍的《ふへんてき》な現象《げんしょう》だ。誰《だれ》だって一人ぼっちはこわい。気の合《あ》う仲間《なかま》たちと一緒《いっしょ》にいたい。

こうして、民主主義《みんしゅしゅぎ》の手続《てつづ》きは守りながらも、僕《ぼく》らの社会はいつのまにかじりじりと、独裁制《どくさいせい》に近づいてゆく。星の王子さまも警告《けいこく》したファシズムまでは、もう少しだ。

多くの人は、不安《ふあん》と恐怖《きょうふ》に耐《た》えられない。だから民族《みんぞく》や国家《こっか》、多数派《たすうは》に頼《たよ》りたくなる。ユダヤ人など六〇〇万人を大虐殺《だいぎゃくさつ》したナチズムがドイツで広がった理由《りゆう》のひとつは、ドイツ人がルールをよく守り、組織力《そしきりょく》が強《つよ》いことにあると言われる。でもならば、あなたは思うはずだ。ドイツと同レベルに、あるいはもっと強《つよ》く、ルールをよく守り、組織《そしき》を大切《たいせつ》にする国がある。

僕《ぼく》たちが生まれた国だ。

学校でも、一人だけ違《ちが》う意見《いけん》を主張《しゅちょう》するより、多数派《たすうは》の意見《いけん》に同調《どうちょう》するほうが楽《らく》だと感《かん》じることはない？　それが自分の本心《ほんしん》でなかったとしても。

付和雷同《ふわらいどう》という四字熟語《よじじゅくご》がある。「付和《ふわ》」は他人《たにん》の意見《いけん》にすぐ賛成《さんせい》すること、「雷同《らいどう》」は雷《かみなり》の音《おと》に響《ひび》くように同調《どうちょう》すること。日本人はその傾向《けいこう》が強《つよ》い、と言われてきた。ブームやベストセラーが生まれやすい国との説《せつ》もある。言い換《か》えれば個《こ》が弱《よわ》い。だからこそファシズム（全体主義《ぜんたいしゅぎ》）に陥《おちい》りやすい。そして集団《しゅうだん》の一員《いちいん》でいる限《かぎ》りは、個人《こじん》としての責任《せきにん》を負《お》わなくて済《す》む。この思考回路《しこうかいろ》のために日本が犯《おか》した大きな間違《まちが》いは、第一次世界大戦後《だいいちじせかいたいせんご》の中国への侵略《しんりゃく》やアメリカとヨーロッパを相手《あいて》にした戦争《せんそう》だ。

大きな間違《まちが》いを避《さ》ける方法はある。それは歴史《れきし》を学《まな》ぶこと。でも歴史《れきし》も視点《してん》によって変《か》わる。豊臣秀吉《とよとみひでよし》は偉人《いじん》なのか悪人《あくにん》なのか。徳川家康《とくがわいえやす》はどうなのか。それはどこから見るかで変《か》わる。ならば自分にとって都合《つごう》の悪《わる》い史実《しじつ》は認《みと》めたくないと思う人がいても不思議《ふしぎ》はない。誰《だれ》だって貶《けな》されるよりは褒《ほ》められるほうが嬉《うれ》しい。「日本人はすごい」とか「日本は世界から尊敬《そんけい》されている」という台詞《せりふ》は耳に心地《ここち》よい。こうして日本を手放《てばな》しで礼賛《らいさん》するようなタイトルの本やテレビ番組《ばんぐみ》が増《ふ》え続《つづ》ける。

もちろん僕《ぼく》だって同じ。貶《けな》されるよりは褒《ほ》められたほうが嬉《うれ》しい。でも歴史《れきし》を学《まな》ぶ意義《いぎ》のひとつは、過去《かこ》の自分たちの失敗《しっぱい》を知ること。知って何を間違《まちが》えたのかを学《まな》ぶこと。だって過去《かこ》の間違《まちが》いに学《まな》ばなければ、僕《ぼく》たちは同じ間違《まちが》いをまた繰《く》り返《かえ》す。だから、自分たちの負《ふ》の歴史《れきし》を知る。都合《つごう》の悪《わる》い事実《じじつ》から目を逸《そ》らさない。これは、とても大事《だいじ》なことなのだ。

世界から見た日本

二〇一九年、国境《こっきょう》なき記者団《きしゃだん》が発表《はっぴょう》する「世界報道自由度《せかいほうどうじゆうど》ランキング」で、日本の報道機関《ほうどうきかん》の自由度《じゆうど》の順位《じゅんい》は六七位と発表《はっぴょう》された。ランキングの上位《じょうい》を占《し》めるのは、ノルウェー、フィンランド、スウェーデンやデンマークなどの北欧《ほくおう》諸国《しょこく》。ドイツやカナダ、フランスなど欧米先進国《おうべいせんしんこく》の多くは、年によって多少の変動《へんどう》はあるけれど基本的《きほんてき》に四〇位内に入っている。でも日本は、報道《ほうどう》の自由度《じゆうど》に「問題《もんだい》あり」と見なされているのだ。ちなみに日本のひとつ上の六六位はニジェールで、ひとつ下の六八位はマラウイだ。どちらもアフリカの若い国。日本は先進国《せんしんこく》で経済大国《けいざいたいこく》のはずだけど、メディアについての評価《ひょうか》はこの二つの国に挟《はさ》まれている。

ランキングの歴史《れきし》を見てみると、二〇一〇年、日本はこれまでの最上位《さいじょうい》ラ

世界報道自由度ランキング推移
（日本・アメリカ・北朝鮮）

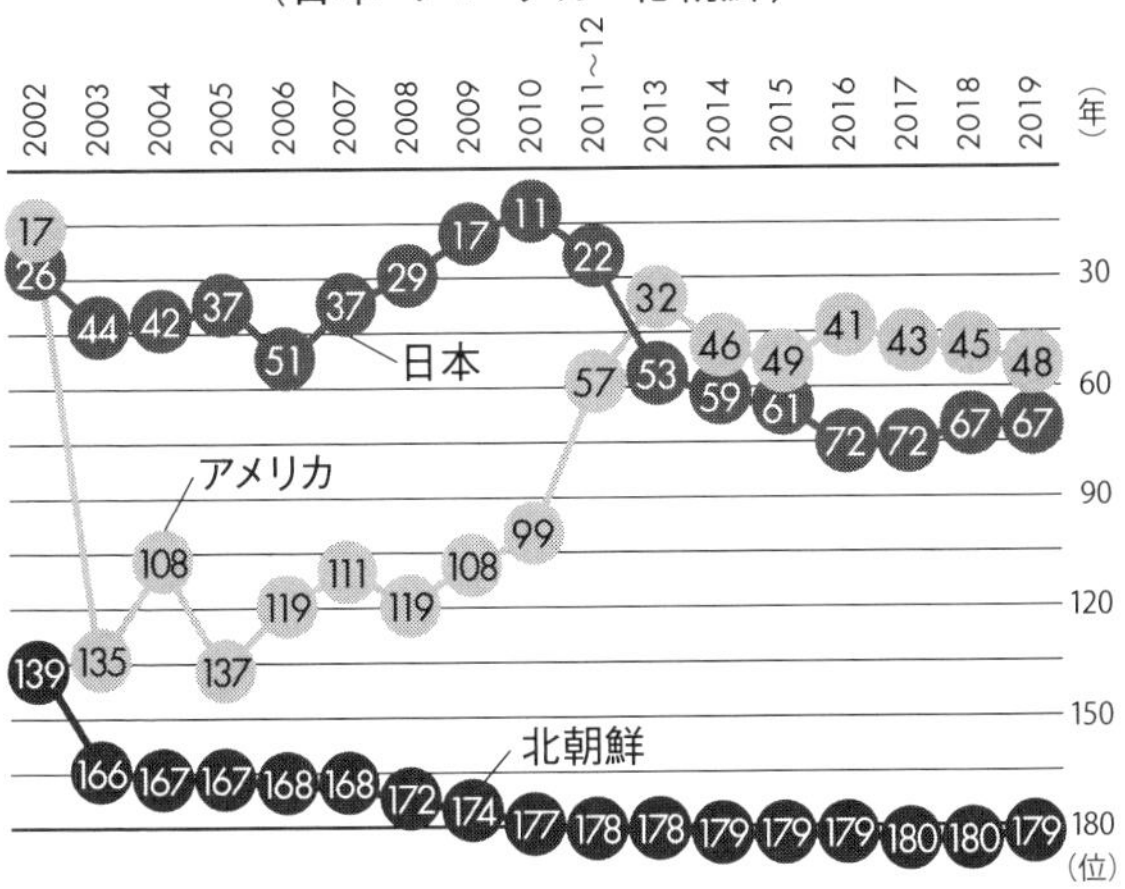

1〜15位…良い　16〜43位…まあ良い　44〜109位…問題あり
110〜161位…悪い　162〜180位…とても悪い

ウェブサイト"REPORTERS　WITHOUT　BORDERS"より作成

ンクである一一位を記《き》録《ろく》している。その前年《ぜんねん》は一七位。ところが二〇一三年に五三位、二〇一四年には五九位と下がり続《つづ》け、二〇一六年には過《か》去《こ》最低《さいてい》の七二位まで転落《てんらく》した。

なぜこれほどに日本は評《ひょう》価《か》を下げたのか。国境《こっきょう》なき記者団《きしゃだん》からは、「伝統的《でんとうてき》な権威《けんい》と経済《けいざい》的《てき》利《り》益《えき》を優《ゆう》先《せん》し、ジャーナリストがその役目《やくめ》を充分《じゅうぶん》に果《は》たすことができていない」などと指摘《してき》されている。

このランキングで、常《つね》に最下位《さいかい》かそのひとつ上くらいに位置《いち》する北朝鮮《きたちょうせん》を訪《たず》ねたのは二〇一三年。北京《ペキン》から平壌《ピョンヤン》行きの高麗航空機《コリヨこうくうき》に乗《の》り込《こ》むと、乗客《じょうきゃく》の半数以上《はんすういじょう》がヨーロッパからの観光客《かんこうきゃく》であることに驚《おどろ》いた。でもそれも実《じっ》は当たり前。日本のメディアの情報《じょうほう》だけに接《せっ》していたら、北朝鮮《きたちょうせん》は世界から孤立《こりつ》した国だと思ってしまうけれど、まずはそれが間違《まちが》いだ。北朝鮮《きたちょうせん》と国交関係《こっこうかんけい》をもたない国は、アメリカ、日本、韓国、イスラエル、サウジアラビアなど、とても少数だ。ＥＵ加盟国《かめいこく》で国交《こっこう》がない国はフランスとエストニアだけ。現状《げんじょう》では一六四の国が北朝鮮《きたちょうせん》と外交関係《がいこうかんけい》を有《ゆう》していて、イギリスやドイツは自国《じこく》の大使館《たいしかん》を北朝鮮《きたちょうせん》の首都《しゅと》である平壌《ピョンヤン》に置《お》いている。

だからヨーロッパからの観光客《かんこうきゃく》は多い。ただし（僕《ぼく》の感想《かんそう》だけど）観光《かんこう》には不向《ふむ》きな国だ。ホテル代《だい》や土産物《みやげもの》など外国人向《がいこくじんむ》けの物価《ぶっか》は高《たか》い。何よりも、外《がい》国人《こくじん》は自由《じゆう》に街《まち》を歩《ある》けない。北朝鮮《きたちょうせん》が指定《してい》するガイド（兼通訳《けんつうやく》）と一緒《いっしょ》に行動《こうどう》することを強要《きょうよう》される。一人で勝手《かって》に街《まち》をうろついたら当局《とうきょく》に拘束《こうそく》される可能《かのう》性《せい》もある。

……とは聞いていたけれど、僕《ぼく》についたガイドはそれほど厳《きび》しくなかった。平壌《ピョンヤン》滞在中《たいざいちゅう》に市内を一人で歩きたいと伝えたら、いきなり許可《きょか》なく市民を撮《と》ったらだめですよ、と言いながらも（これはどこの国でも当たり前）了解《りょうかい》してくれた。だから滞在中《たいざいちゅう》に三回くらい、カメラを手に一人で街中《まちなか》を歩くことができた。ただし三回とも、多くの市民や警察官《けいさつかん》らしき人からじっと見つめられて困惑《こんわく》したけれど。

北朝鮮の新聞

他《ほか》に気づいたこと。市内のあちこちにその日の新聞が貼《は》り出されている。実《じっ》は日本のように、新聞が毎朝《まいあさ》家に配達《はいたつ》される国はとても少ない。庶民《しょみん》の暮《く》らしはまだまだ貧《まず》しくて、毎朝《まいあさ》新聞を買《か》うことができる人たちは富裕層《ふゆうそう》だ。だから多くの人は貼《は》り出された壁《かべ》新聞を読む。その新聞を写真《しゃしん》に撮《と》ろうとして気がついた。事件《じけん》や事故《じこ》などを伝《つた》える社会面がない。正確《せいかく》には「ない」わけではないが、事件《じけん》や事故《じこ》の報道《ほうどう》はとても少ない。一面で大きく伝《つた》えられるニュースは、すべて政府《せいふ》（朝鮮労働党《ちょうせんろうどうとう》）の公式発表《こうしきはっぴょう》が情報源《じょうほうげん》。特《とく》に最高指導者《さいこうしどうしゃ》の動向《どうこう》は写真付《つ》きで詳《くわ》しく伝《つた》えられる。テレビも同様《どうよう》。事件《じけん》や事故《じこ》などのニュースはほとんどない。スマホなど携帯電話《けいたいでんわ》はかなり普及《ふきゅう》しているが、ネットも含《ふく》めて国外との情報《じょうほう》のやり取《と》りはほぼ不可能《ふかのう》だ。僕《ぼく》もノートパソコンと携帯電話《けいたいでんわ》をもち込《こ》んだけれど、国外とはいっさいつながらない。

北朝鮮《きたちょうせん》など独裁的《どくさいてき》な政治体制《せいじたいせい》をもつ国に共通《きょうつう》する要素《ようそ》は、メディアが権力《けんりょく》の監視役《かんしやく》として機能《きのう》していないことだ。報道《ほうどう》の自由度《じゆうど》ランキングで、北朝鮮《きたちょうせん》と並《なら》んで毎年最下位《さいかい》を争《あらそ》うエリトリアやトルクメニスタンも、やっぱり独裁体《どくさいたい》制《せい》の国だ。中国共産党《きょうさんとう》が一党支配《いっとうしはい》を続《つづ》ける中国も、(北朝鮮《きたちょうせん》ほどではないけれど)国内から海外《かいがい》のネットやＳＮＳにつなぐことには一定《いってい》の規制《きせい》がある。

つまり政権《せいけん》がメディアをコントロールすることが、独裁体制《どくさいたいせい》を維持《いじ》するための必要条件《ひつようじょうけん》だ。これを言い換《か》えれば、メディアがしっかりと機能《きのう》して政権《せいけん》を監視《かんし》して批判《ひはん》することが自由《じゆう》にできる国ならば、独裁体制《どくさいたいせい》には決《けっ》して陥《おちい》らない、ということになる。

僕《ぼく》らの国はどうだろう。電話《でんわ》もインターネットも、まったく制限《せいげん》なく外国《がいこく》とつながることができる。言論《げんろん》や表現《ひょうげん》の自由《じゆう》は日本国憲法《にほんこくけんぽう》によって保障《ほしょう》されている。政府《せいふ》を批判《ひはん》しても逮捕《たいほ》されない。

でも報道《ほうどう》の自由度《じゆうど》ランキングは世界六七位で「問題《もんだい》あるレベル」。不思議《ふしぎ》だ。どうしてこんなことが起《お》きているのだろう？

放送禁止を決めたのは誰？

最初《さいしょ》の映画《えいが》『A』を公開《こうかい》した翌年《よくねん》である一九九九年、テレビの現場《げんば》に戻《もど》った僕《ぼく》はドキュメンタリー「放送禁止歌《ほうそうきんしか》」をディレクションして発表《はっぴょう》した。放送禁《ほうそうきん》止歌《しか》とは放送《ほうそう》を禁止《きんし》された歌《うた》のこと。撮影《さつえい》のためのリサーチを始《はじ》めたころは、権力《けんりょく》による規制《きせい》や弾圧《だんあつ》が放送禁止歌《ほうそうきんしか》の本質《ほんしつ》であることを前提《ぜんてい》としていた。でも取材《しゅざい》を始《はじ》めてすぐに気がついた。放送《ほうそう》や音楽業界《おんがくぎょうかい》で働《はたら》く人たちの多くがこの問題《もんだい》について語《かた》るとき、常《つね》に「らしい」とか「ようだ」で終《お》わるのだ。つまり伝言《でんごん》ゲーム。でも始《はじ》まりがわからない。同じところをぐるぐる回《まわ》っている。どこまで探《さぐ》っても伝聞《でんぶん》なのだ。つまり仮想《かそう》。仮の話をしているだけ。だからこそ規制《きせい》があっさりと働《はたら》く。仮想《かそう》が現実《げんじつ》になる。実体《じったい》がどこにもない現実《げんじつ》だ。

日本のメディアや表現《ひょうげん》に与《あた》えられている自由度《じゆうど》は、諸外国《しょがいこく》に比《くら》べても決《けっ》して小さくない。だからこそ個《こ》が弱《よわ》い日本人は不安《ふあん》になる。広い野原《のはら》で「どこに行ってもいいよ」と言われて立ちすくんでしまう子どものように。

放送禁止歌《ほうそうきんしか》は仮想《かそう》の標識《ひょうしき》だ。そこには「ここから先は危険《きけん》」と書かれている。ならばここから先に行かなければ安全《あんぜん》なのだ。標識《ひょうしき》がなければ不安《ふあん》になる。こうしてメディア関係者《かんけいしゃ》は標識《ひょうしき》を自分たちで作り始《はじ》める。「自由《じゆう》からの逃走《とうそう》」だ。自由《じゆう》の領域《りょういき》を自分たちで狭《せば》め続《つづ》ける。

不謹慎《ふきんしん》という言葉を、あなたも聞いたことがあるはずだ。国語辞典《こくごじてん》などでは「守るべき礼儀《れいぎ》からはずれていること。ふまじめであること」とある。授業中《じゅぎょうちゅう》に誰《だれ》かがふざけて、あなたはつい声《こえ》を出して笑《わら》ってしまう。怒《おこ》った先生は「不謹慎《ふきんしん》だ！」と怒鳴《どな》る。そもそもの意味《いみ》はそんな感じかな。

数年前《すうねんまえ》、東日本大震災《ひがしにほんだいしんさい》の直後《ちょくご》に発表《はっぴょう》した映画《えいが》が、タイの国際映画祭《こくさいえいがさい》に招待《しょうたい》された。上映後《じょうえいご》のティーチイン（観客《かんきゃく》から質問《しつもん》を受《う》けること）で、「震災《しんさい》の後《あと》は特《とく》に、『不謹慎《ふきんしん》だからやめろ』とか『不謹慎《ふきんしん》だからやるべきではない』というフレーズを多くの日本人が使いました」と言ったら、横《よこ》にいた通訳《つうやく》が困《こま》っている。「どうしたのですか」と訊《き》いたら、「タイの言語《げんご》に『不謹慎《ふきんしん》』に当たる言葉は存在《ざい》しないので訳《やく》せません」と返答《へんとう》された。その後《ご》、いくつかの言語《げんご》で調《しら》べたけれど、確《たし》かに「不謹慎《ふきんしん》」を本来《ほんらい》の意味《いみ》で外国語《がいこくご》に翻訳《ほんやく》することは難《むずか》しい。「法律《りつ》に違反《いはん》している」わけではないし、「社会的なルールから外《はず》れている」というのもちょっと違《ちが》う。「道徳的《どうとくてき》に正しくない」も微妙《びみょう》に違和感《いわかん》がある。

不謹慎《ふきんしん》の意味《いみ》は何か。ものすごく簡単《かんたん》に言ってしまえば、みんなが右に向《む》かって歩《ある》いているときに左に向《む》かって歩《ある》くこと。みんなの動《うご》きに逆《さか》らうこと。要《よう》するに「空気《くうき》を読《よ》まない」こと。そういうことなのだろうと思う。

みんなで同じことをやっているのに、なぜあなただけがやらないのか？　あ

放送禁止歌は仮想の標識だ。
標識がなければ不安になる。
標識を自分たちで作り始め、自由の領域を自分たちで狭め続ける。

るいはみんなで我慢《がまん》してやらないのに、なぜあなただけがやるのか？

平和の歌が放送禁止になるとき

その言葉に抗《あらが》うことはきっと、とても難《むずか》しい。でも不可能《ふかのう》ではない。やりたいことをやる。言いたいことを言う。

二〇〇一年九月一一日、ニューヨークの金融街《きんゆうがい》にある超高層《ちょうこうそう》のツインタワー（ワールドトレードセンター）に二機《にき》の旅客機《りょかくき》が激突《げきとつ》した。さらに一機《いっき》はアメリカのペンタゴン（国防総省《こくぼうそうしょう》）に激突《げきとつ》し、もう一機《いっき》は墜落《ついらく》した。アメリカ同時多発《どうじたはっ》テロだ。

事件《じけん》の直後《ちょくご》、アメリカ国民のほとんどは、被害者《ひがいしゃ》と遺族《いぞく》の深《ふか》い悲《かな》しみに共感《きょうかん》した。同時《どうじ》に、加害者《かがいしゃ》である国際的《こくさいてき》テロ組織《そしき》アルカイダへの憎《にく》しみにも、突《つ》き動《うご》かされた。その後《のち》に、当時《とうじ》のブッシュ大統領《だいとうりょう》は、アルカイダとの関係《かんけい》を噂《うわさ》されたアフガニスタンのタリバンと、イラクのフセイン政権《せいけん》を倒《たお》すために戦争《せんそう》を始《はじ》める。政治家《せいじか》とメディアはこれを「対《たい》テロ戦争《せんそう》」と呼《よ》び、支持《しじ》するアメリカ国民は九〇パーセントを超《こ》えていた。

そしてこのとき、平和《へいわ》を訴《うった》える曲が放送禁止的《ほうそうきんしてき》な扱《あつか》いになった。直接的《ちょくせつてき》に戦争反対《せんそうはんたい》を訴《うった》える曲ばかりでなく、9・11の惨劇《さんげき》を思い起《お》こさせる Airplane《エアプレイン》（飛行機《ひこうき》）や Bomb《ボム》（爆弾《ばくだん》）などの単語《たんご》が含《ふく》まれた曲までが対象《たいしょう》になった。その代表曲《だいひょうきょく》がジョン・レノンの「イマジン」だ。

Imagine《イマジン》 there's《ゼアズ》 no《ノー》 countries《カントリーズ》
It《イッ》 isn't《イズン》 hard《ハード》 to《トウ》 do《ドウ》
Nothing《ナッシング》 to《トウ》 kill《キル》 or《オア》 die《ダイ》 for《フォー》
And《アンド》 no《ノー》 religion《レリジョン》, too《トウー》

Imagine《イマジン》 all《オール》 the《ザ》 people《ピープル》
Living《リビング》 life《ライフ》 in《イン》 peace《ピース》

アメリカの放送禁止歌《ほうそうきんしか》のシステムは、日本のように無自覚《むじかく》な規制《きせい》ではない。このときは全米《ぜんべい》で一〇〇〇以上《いじょう》のラジオ局《きょく》を所有《しょゆう》するクリア・チャンネル（当《とう》時《じ》）の幹部《かんぶ》が、「放送自粛《ほうそうじしゅく》リスト」を作って系列《けいれつ》の各局《かっきょく》に通達《つうたつ》した。国をあげて報復《ほうふく》しようとしているときに、「人々が平和《へいわ》に生きる世界を想像《イマジン》しよう」などと、流《なが》れに逆《さか》らうような曲は放送《ほうそう》するな、というわけだ。

テロが起《お》きてから一〇日が過ぎた九月二一日、被害者《ひがいしゃ》や救援《きゅうえん》のために犠牲《ぎせい》になった消防士《しょうぼうし》や警察官《けいさつかん》などのための追悼《ついとう》コンサートが、全世界に中継《ちゅうけい》された。多くのミュージシャンが愛国心《あいこくしん》や深《ふか》い悲《かな》しみをステージで歌《うた》うなか、後半《こうはん》に登《とう》場《じょう》したニール・ヤングはピアノに向《む》かうと、何の説明《せつめい》もしないままに自粛曲《じしゅくきょく》「イマジン」を歌《うた》い始《はじ》めた。

このときは彼《かれ》のファンでいて良《よ》かったとつくづく思った。雰囲気《ふんいき》や同調圧《どうちょうあつ》力《りょく》には絶対《ぜったい》に屈《くっ》しない。今大切なことは悲《かな》しみや憎《にく》しみに心を奪《うば》われることではなく、無用《むよう》で無益《むえき》な争《あらそ》いに巻《ま》きこまれないことだ。多くの人々の怒《いか》りや憎《にく》しみに同調《どうちょう》しないことだ。少し怒《おこ》ったようないつもの表情《ひょうじょう》で「イマジン」を歌うニール・ヤングをパソコンの画面《がめん》で見つめながら、僕《ぼく》はあらためて実感《じっかん》した。

フェイクニュースがメディアを変えた

二〇一七年、日本にも大きな影響力《えいきょうりょく》をもつ国アメリカで、トランプ大統領《だいとうりょう》が誕生《たんじょう》した。「アメリカ・ファースト（アメリカが一番《いちばん》）」を掲《かか》げてメキシコとの国境《こっきょう》に壁《かべ》を作ると宣言《せんげん》し、さらには中東《ちゅうとう》やアフリカからの移民《いみん》を制限《せいげん》した。就任早々《しゅうにんそうそう》には中東《ちゅうとう》でシリア軍《ぐん》の基地《きち》をミサイル攻撃《こうげき》して、自分に批判的《ひはんてき》なメディアに対《たい》しては、名指《なざ》しで「フェイクばかりだ」と攻撃《こうげき》する。二〇一七年以降《こう》、アメリカは世界報道自由度《せかいほうどうじゆうど》ランキングで三年連続順位《れんぞくじゅんい》を下げ、二〇一九年には四八位と「問題《もんだい》あり」グループに落《お》ちている。

このときの大統領選挙《だいとうりょうせんきょ》で、「ローマ法王《ほうおう》がトランプ支持《しじ》に回《まわ》った」とか「（対立候補《たいりっこうほ》の）ヒラリー・クリントンはテロ組織《そしき》ＩＳに武器《ぶき》を売却《ばいきゃく》した」など大量《たいりょう》のフェイクニュースがネット上に拡散《かくさん》して選挙結果《せんきょけっか》に大きな影響《えいきょう》を与《あた》えたことが後《のち》に明《あき》らかになった。

ウェブサイトやＳＮＳなどで発信《はっしん》・拡散《かくさん》されるフェイクニュース。意味はフェイク＝真実《しんじつ》ではない・ニュース＝情報《じょうほう》。ただしネット上だけではなく、マスメディアが発信《はっしん》する不確実《ふかくじつ》な情報《じょうほう》について言うこともある。

フェイクニュースがこれほどに増《ふ》えた理由《りゆう》は、まずはネットが急激《きゅうげき》に発達《はったつ》したから。その動《うご》きと並行《へいこう》してネットにも市場原理《しじょうげんり》がどんどん入り込《こ》み、運営《うんえい》するウェブサイトのアクセス数《すう》を増《ふ》やそうと考《かんが》える人が増《ふ》えてきた。さらに政《せい》治的《じてき》な目的《もくてき》で世論《よろん》を操作《そうさ》する人もいる。どうやったらアクセスが増《ふ》えるのか。刺激的《しげきてき》でスキャンダラスであればあるほど、多くの人が興味《きょうみ》を示してクリックする。利益《りえき》や政治的《せいじてき》な理由《りゆう》だけではなく、特定《とくてい》の誰《だれ》かを攻撃《こうげき》するために発信《はっしん》されるフェイクニュースもある。様々《さまざま》な理由《りゆう》で発信《はっしん》・拡散《かくさん》され、その影響力《えいきょうりょく》が大きいことから社会問題《しゃかいもんだい》となっている。

アメリカの大統領選《だいとうりょうせん》だけではなく、二〇一六年にイギリスでEUに残《のこ》るか、離脱《りだつ》するかを問《と》う国民投票《こくみんとうひょう》が行われたときも、フェイクニュースの影響《えいきょう》は大きかった。結果《けっか》はEU離脱派《りだつは》の勝利《しょうり》。でも票差《ひょうさ》はわずかだったから、もしもフェイクニュースの影響《えいきょう》がなかったなら、結果《けっか》は変《か》わっていたはずだ。

こうした事態《じたい》を受《う》けてイギリスの公共放送局《こうきょうほうそうきょく》BBCは、スローニュース宣言《せんげん》をした。スローとは、遅《おそ》い、ゆっくりという意味《いみ》。速《はや》さではSNSにかなわない。でも速《はや》くても不正確《ふせいかく》な情報《じょうほう》ならば社会に害《がい》をなす。だから速《はや》さを競《きそ》うのではなく、それが事実《じじつ》にもとづいているかどうかのファクト・チェック機関《きかん》をめざす方向《ほうこう》に舵《かじ》を切《き》ったのだ。ＣＮＮなどアメリカの大手《おおて》メディアも、トランプや大統領報道官《だいとうりょうほうどうかん》の会見《かいけん》は、事実確認《じじつかくにん》（ファクト・チェック）をしてからオンエアすることが多くなった。

時代《じだい》の流《なが》れが大手《おおて》メディアのあり方を実際《じっさい》に変《か》えてしまったわけだ。

メディアと僕らは合わせ鏡

僕《ぼく》たちが求《もと》める形《かたち》にメディアは変化《へんか》する。第４章《しょう》で僕《ぼく》はそう書いた。

視聴率《しちょうりつ》を集計《しゅうけい》する会社《かいしゃ》から、その日の視聴率《しちょうりつ》をテレビ局《きょく》は翌日《よくじつ》に教えられる。その集計《しゅうけい》では一分単位《たんい》で視聴率《しちょうりつ》がわかる。だからたとえばニュース番組《ばんぐみ》やワイドショーなどでは、この話題《わだい》に視聴者《しちょうしゃ》は興味《きょうみ》をもたないとかこの情報《じょうほう》には興味《きょうみ》を示《しめ》すなどとすぐにわかる。視聴率《しちょうりつ》をとらなかった話題《わだい》は前面《ぜんめん》から消《き》えるし、視聴率《しちょうりつ》をとった話題《わだい》なら翌日《よくじつ》からもっと大きく扱《あつか》われる。つまりテレビには社会の関心《かんしん》や興味《きょうみ》がそのまま表れる。

これはインターネットも同じだ。サイトの訪問者《ほうもんしゃ》を増《ふ》やすためには、アクセス数《すう》を稼《かせ》ぐ記事《きじ》をアップし続《つづ》けなければならない。

もちろん新聞も、テレビやインターネットほど露骨《ろこつ》ではないけれど、やっぱり社会の関心《かんしん》や興味《きょうみ》が反映《はんえい》される。さらに最近《さいきん》はインターネットの普及《ふきゅう》によって、テレビを観《み》る人や新聞を読む人はどんどん減《へ》っている。

つまり小さくなったパイ（市場《しじょう》）の奪《うば》い合《あ》いが、より熾烈《しれつ》になっている。さらに広告収入《こうこくしゅうにゅう》も減《へ》っているから、多くの予算《よさん》や時間をかけて取材《しゅざい》しなければならないような記事やニュースも減《へ》っている。

でも悪くなるばかりじゃない。アメリカでは、新聞が自分たちの報道《ほうどう》に対《たい》して、違《ちが》う意見《いけん》や、それが正しかったかどうかを検証《けんしょう》した記事を掲載《けいさい》するようになった。朝日新聞や毎日新聞など多くの日本の新聞も、ファクト・チェックをコーナーとして設置《せっち》するようになった。

さらに、アメリカの新聞では当たり前とされる署名記事《しょめいきじ》（書いた記者の名前入りの記事）も、少しずつ日本の新聞に定着《ていちゃく》してきた。自分の名前が載《の》るのだから記事に対《たい》する責任《せきにん》が重《おも》くなり、いい加減《かげん》な記事は書けなくなる。

マーティン・ファクラー元《もと》ニューヨーク・タイムズ東京支局長《とうきょうしきょくちょう》によれば、最近《さいきん》の『ニューヨーク・タイムズ』や『ワシントン・ポスト』では、一人称《いちにんしょう》の主語《しゅご》を使う記事が多くなっているそうだ。一人称《いちにんしょう》とは、「僕《ぼく》」「私《わたし》」「俺《おれ》」。つまり記者が「I」（＝私《わたし》）を主語《しゅご》にして書いた記事。要《よう》するにこれは、情報《じょうほう》は個人《こじん》の視点《してん》だという種明《たねあ》かし。署名記事《しょめいきじ》よりもっと明確《めいかく》に、個人《こじん》が発信《はっしん》していることを宣言《せんげん》している。

一人称単数《いちにんしょうたんすう》の主語《しゅご》をもつ。それはジャーナリズムの精神《せいしん》でもあると僕《ぼく》は思う。現場《げんば》で取材《しゅざい》する。誰《だれ》かに話を聞く。誰《だれ》かの苦《くる》しい状況《じょうきょう》を知《し》る。怒《おこ》る。泣《な》きたくなる。多くの人に伝《つた》えなければと使命感《しめいかん》をもつ。こうした述語《じゅつご》の主語《しゅご》は

「僕《ぼく》」「私《わたし》」「俺《おれ》」だ。「我々《われわれ》」でもなければ「我《わ》が社《しゃ》」や「我《わ》が国《くに》」でもない。

でも今のところ、記者が自分の迷《まよ》いを「私《わたし》」を主語《しゅご》にしながら表《あらわ》したり、記事の最後《さいご》に「……とは思うが、もしかしたら違《ちが》うかもしれない」などとまとめることはありえない。そもそも「思う」は、新聞記事に使う言葉として基本的《きほんてき》にはNGなのだ。もしもそんな原稿《げんこう》を書いたら、デスクからは「何年記者をやっているんだ!」と怒《おこ》られる。

個《こ》は現場《げんば》で考える。でも組織《そしき》は利益《りえき》を最優先《さいゆうせん》する。そして利益《りえき》のためには、多数派《たすうは》の支持《しじ》を得《え》られる記事ばかりが多くなる。第二次世界大戦前夜《だいにじせかいたいせんぜんや》、新聞各《かく》紙《し》は戦争推進《せんそうすいしん》の勇《いさ》ましい記事ばかりを競《きそ》って書いていた。もちろん、戦争《せんそう》をあおるような記事は良《よ》くない、と考える記者もおおぜいいた。でもそんな記事を載《の》せれば多くの人から批判《ひはん》されるし、発行部数《はっこうぶすう》も減《へ》るかもしれない。だから戦《せん》争《そう》への疑問《ぎもん》は書かない。こうして多数派《たすうは》に支持《しじ》されない言葉は封印《ふういん》されていく。

マスメディアと社会(僕《ぼく》たち)は合《あ》わせ鏡《かがみ》。互《たが》いに影響《えいきょう》し合《あ》う。こうして世《よ》論《ろん》が作られる。

どっちが嘘なの？

第3章《しょう》で書いたように、公正中立《こうせいちゅうりつ》の座標軸《ざひょうじく》は誰《だれ》かが決《き》めている。座標軸《ざひょうじく》が変《か》われば公正中立《こうせいちゅうりつ》の基準《きじゅん》も変《か》わる。かつて戦争《せんそう》をやっていた時代《じだい》と今とでは公正中立《こうせいちゅうりつ》の基準《きじゅん》が変《か》わって当然《とうぜん》だ。A国とB国とでも違《ちが》う。Aさんにとっては公正中立《こうせいちゅうりつ》なニュースでも、Bさんには偏《かたよ》って感《かん》じられるかもしれない。発《はっ》信《しん》する側《がわ》も受け取る側《がわ》も、それを意識《いしき》すること。気づいた上でニュースを流《なが》し、受け取ることが大切《たいせつ》だ。

たとえば沖縄《おきなわ》の基地問題《きちもんだい》。世界一危険《せかいいちきけん》と言われてきた普天間飛行場《ふてんまひこうじょう》を、辺野《への》古《こ》に移《うつ》す計画《けいかく》が実行《じっこう》されている。計画《けいかく》には沖縄県民《おきなわけんみん》の七割《わり》が反対《はんたい》し、辺野古《へのこ》には世界的《せかいてき》に貴重《きちょう》な生物《せいぶつ》や自然環境《しぜんかんきょう》があるため国内外の環境団体《かんきょうだんたい》も作業《さぎょう》の中止《ちゅうし》を呼《よ》びかけている。朝日新聞や毎日新聞、あるいは沖縄《おきなわ》の地元紙《じもとし》である琉球《りゅうきゅう》新報《しんぽう》や沖縄《おきなわ》タイムスなどは基地《きち》の建設《けんせつ》に反対《はんたい》する記事が多い。そして読売《よみうり》新聞や産経《さんけい》新聞は、基地建設《きちけんせつ》を推進《すいしん》する政府《せいふ》に賛成《さんせい》する記事が多い。

「論調《ろんちょう》がまったく違《ちが》います。一体《いったい》どっちが嘘《うそ》をついているんですか？」

教《おし》えている大学で学生にそう質問《しつもん》されたとき、「どちらも嘘《うそ》ではないよ」と僕《ぼく》は答えた。視点《してん》が変《か》われば景色《けしき》も変《か》わる。新聞は読者《どくしゃ》のニーズによって記事が変《か》わる。読売《よみうり》や産経《さんけい》新聞の読者《どくしゃ》は自民党政権《せいけん》を支持《しじ》する人たちが圧倒的《あっとうてき》に多い。朝日や毎日新聞の読者《どくしゃ》は支持《しじ》しない人たちが多い。こうして市場原理《しじょうげんり》が働く。市場《しじょう》（読者《どくしゃ》）に合わせる形で記事の論調《ろんちょう》や順番《じゅんばん》が変《か》わる。

テレビには時間の制限《せいげん》があるし、新聞や雑誌《ざっし》などでは文字数《もじすう》の制限《せいげん》がある。それに合《あ》わせて情報《じょうほう》は四捨五入《ししゃごにゅう》される。どこを削《けず》ってどれを残《のこ》すのか。それは市場《しじょう》によって決《き》められる。こうして同じ情報《じょうほう》でも記事やニュースはメディアによって変《か》わる。そこに一〇〇パーセントの真実《しんじつ》など存在《そんざい》しない。嘘《うそ》と本当《ほんとう》は常《つね》に入り混《ま》じっている。これに気づくことがメディア・リテラシーの本質《ほんしつ》だ。

もちろん、そんな状態《じょうたい》が理想的《りそうてき》であるはずはない。でもメディアは自発的《じはってき》には変《か》われない。新聞社にとってもテレビ局《きょく》にとっても、経営《けいえい》の安定《あんてい》をめざすことは当たり前だ。ならば合《あ》わせ鏡《かがみ》のこちら側《がわ》、僕《ぼく》たちが変《か》わればいい。

でも気をつけなければいけないこともたくさんある。SNSを使っていると、スマホの画面《がめん》は多様《たよう》で豊《ゆた》かな世界につながっているように思いがちだ。ところが実際《じっさい》は、これまであなたがどんなサイトを見て何をクリックしたかのデータをもとに分析《ぶんせき》されていて、あなたの好《この》みや志向《しこう》に沿《そ》う情報《じょうほう》がスマホに表示されてくる。あなたが好《この》むニュース、あなたが好《この》む広告《こうこく》ばかりが目に入ってくるようになる。それは、たくさん色のある現実《げんじつ》ではない。世界があたかも同じ意見《いけん》で、一色《いっしょく》であるかのように思い込《こ》んでしまう可能性《かのうせい》がある。

メディアはどんどん進化する

テレビや新聞に取り上げられないことでも、インターネットにつながりさえすれば、自分の見たい情報《じょうほう》をすぐに探《さが》すことができる。さらに僕《ぼく》たちは、SNSで自分の視点《してん》や意見《いけん》を発信《はっしん》できるようになった。新聞社や放送局《ほうそうきょく》の記者じゃなくても、大勢《おおぜい》に向けて何かを伝《つた》えることができる。こんな状況《じょうきょう》はインターネットが普及《ふきゅう》する前には考えられなかったこと。

たとえばスウェーデンのグレタ・トゥーンベリさんは、一五歳で気候変動《きこうへんどう》についての抗議《こうぎ》を示《しめ》すために学校ストライキ（学校に行かない）を始《はじ》めた。同時《どうじ》にSNSで発言《はつげん》を始《はじ》め、結果《けっか》として世界的に大きな話題《わだい》になった。あるいは二〇一〇年から二〇一一年にかけてアラブ世界で発生《はっせい》した民主化運動《みんしゅかうんどう》も、もともとは北アフリカのチュニジアで、市民たちによるSNSから始《はじ》まっている。

二〇一九年に始まった香港民主化《ほんこんみんしゅか》デモにおいても、ＳＮＳはとても重要《じゅうよう》な役割《やくわり》を果《は》たしている。

もしも社会がＳＮＳによって（良《よ》い方向に）変《か》わるのなら、メディアもあっという間《ま》に変《か》わる。そう考えれば、ＳＮＳはとてもすばらしい機会《きかい》を僕《ぼく》たちに与《あた》えてくれた。

でもメディアがもつ問題《もんだい》は、実《じつ》はＳＮＳにも同様《どうよう》にある。情報《じょうほう》は視点《してん》によって変《か》わる。あなたもＳＮＳで発信《はっしん》するとき、四捨五入《ししゃごにゅう》（切《き》り上げや切《き》り捨《す》て）は自然《しぜん》にしているはず。そして多くの人に「いいね！」やリツイートをしてもらいたいと思うとき、どうしても刺激的《しげきてき》で過剰《かじょう》な表現《ひょうげん》をしてしまうことだってあるはずだ。これはＳＮＳだけの問題《もんだい》ではない。ユーチューバーはアクセスを多くするために、危《あぶ》ないことをしたり危険《きけん》な場所《ばしょ》に行ったりして頻繁《ひんぱん》に問題《もんだい》になる。あるいはバイト先《さき》で迷惑行為《めいわくこうい》をわざわざして、それを動画《どうが》サイトに上げて炎上《えんじょう》したり、そんなニュースはあなたも見たことがあるはずだ。

メディアの外にあるもの

ニュース一つ一つのソース（出所《でどころ》）をチェックするのは不可能《ふかのう》だ。他《ほか》のニュースの伝《つた》え方と比較《ひかく》して検証《けんしょう》することを第2章《しょう》で提案《ていあん》したけれど、僕《ぼく》たちは毎日忙《いそが》しい。そんな余裕《よゆう》は時間的にも経済的《けいざいてき》にもなくて当たり前。ならばどうすればいいのか。

実《じつ》はとても簡単《かんたん》なこと。以下《いか》のことをしっかりと覚《おぼ》えてくれるだけでいい。すべての情報《じょうほう》には、必《かなら》ず誰《だれ》かの視点《してん》が入っている。たとえばニュースだったら、記事は記者が書いている。カメラマンが撮《と》っている。記者によって書かれる内容《ないよう》は変《か》わる。同じ場所でもカメラマンによって写真は変《か》わる。記事や映像《えいぞう》はすべて、起《お》こっていることの一部《いちぶ》であり断面《だんめん》だ。そしてその断面《だんめん》は誰《だれ》かの解《かい》釈《しゃく》なのだ。

しっかりと覚《おぼ》えることはこれだけ。その上で、事実《じじつ》は多面的《ためんてき》であり、どこから見るかで見え方が変わる、という意識《いしき》をもつこと。それだけで「情報《じょうほう》への距離感《きょりかん》」が変《か》わる。読む立場《たちば》のときもそうだけれど、あなたが伝《つた》える側《がわ》になったときも、これは忘《わす》れずにいてほしい。

たったひとつの事実《じじつ》は存在《そんざい》する。でも僕《ぼく》たちの感覚《かんかく》は、実《じつ》はとても曖昧《あいまい》だ。たとえば人の目で見える光（可視光線《かしこうせん》）は電磁波《でんじは》全体の一部《いちぶ》だ。これが少しずれるだけでも見える世界は変《か》わる。聴覚《ちょうかく》や嗅覚《きゅうかく》も同様《どうよう》。イヌやアマガエルやカマキリが見ている世界は、あなたの世界とまったく違《ちが》う。いやもしかしたら、僕《ぼく》とあなたとでも微妙《びみょう》に違《ちが》うかもしれない。

人は自分の視点《してん》でしか物事《ものごと》を認知《にんち》することができない。その意識《いしき》を常《つね》にもつこと。自信《じしん》がなくなって後《うし》ろめたい感《かん》じがするかもしれない。でもそれでいい。それは謙虚《けんきょ》さでもある。これがなくなると正義《せいぎ》をふりかざしてしまう。最《もっと》もダメな状況《じょうきょう》だ。

とても単純《たんじゅん》な形《かたち》をしているコップですら、横《よこ》から見れば長方形《ちょうほうけい》だし上や下から見れば円《えん》になる。たった一枚の写真《しゃしん》では、コップを見たことがない人に、その形状《けいじょう》を正確《せいかく》に伝えることは難《むずか》しい。

世の中のほとんどのことはコップよりもはるかに複雑《ふくざつ》だ。どこから見るかでくるくる変《か》わる。どちらが正しいとかそっちが間違《まちが》っているなどと言い合《あ》っても意味《いみ》はない。どちらもある。視点《してん》は無限《むげん》だ。まずはその認識《にんしき》をもつこと。その上で考える。どちらの視点《してん》のほうが多くの人を幸《しあわ》せにするのか。この視点《してん》は人を傷《きず》つけるだろうか。害《がい》するだろうか。そうやって考え続《つづ》ける。

写真や動画《どうが》にはフレームがある。フレームの外《そと》にも世界は広《ひろ》がっている。アングルによっても写真は変《か》わる。動画《どうが》のカットは秒単位《びょうたんい》で変《か》わるけれど、変わった後《あと》も時間は流《なが》れている。メディアの外《そと》にあるものを想像《そうぞう》するだけで、ニュースに振《ふ》り回《まわ》されることは少なくなるはずだ。

メディアは、ときには迷《まよ》うし、ときには間違《まちが》えることを認《みと》めること。
いろんな視点《してん》を集《あつ》めて、自分で（主体的《しゅたいてき》に）判断《はんだん》すること。
無条件《むじょうけん》に信《しん》じないこと。

もちろん、誰《だれ》かを傷《きず》つけることや政治的《せいじてき》な影響力《えいきょうりょく》を行使《こうし》するためのフェイクニュースは論外《ろんがい》。それはそれでしっかりと見分《みわ》けなければいけない。でもその上であなたに知ってほしい。ほとんどの情報《じょうほう》は1か0かではない。白か黒《くろ》かでもない。真実《しんじつ》か虚偽《きょぎ》かでもない。そのグラデーションが世界。いろんな数字《すうじ》がある。いろんな色がある。真実《しんじつ》は人によって違《ちが》う。

もう一度書くよ。あなたは公園《こうえん》の樹《き》を絵の具で写生《しゃせい》している。葉《は》っぱは緑一色《みどりいっしょく》で空《そら》は青一色《あおいっしょく》、道《みち》は茶色一色《ちゃいろいっしょく》で塗《ぬ》るだろうか。よく見れば見るほど、いろんな色が混《ま》じっていることに気づくはずだ。葉《は》っぱの色は決《けっ》して一色ではない。道《みち》も空《そら》も樹《き》も、いろんな色が混《ま》じり合《あ》っている。

それが世界。それが僕《ぼく》たち。

フェイクニュースは世界にあふれている。でも真実《しんじつ》とフェイクの境界線《きょうかいせん》はとても曖昧《あいまい》。僕《ぼく》たちはそんな世界に生きている。多面的《ためんてき》で多重的《たじゅうてき》で多層的《たそうてき》。どこから見るかで全然《ぜんぜん》変《か》わる。

だからこそ世界は豊《ゆた》かだ。そしてこれに気づいたとき、きっとあなたは人の優《やさ》しさにも気づくはず。

僕《ぼく》はそう思っている。

あとがき

この春《はる》にクラス替《が》えがあった。新《あたら》しいクラスメートのほとんどは以前《いぜん》から知っているけれど、一人だけうまく馴染《なじ》めない人がいた。名前はAさん。何かとつっきづらい。距離《きょり》がある。自分に対《たい》する目つきも変《へん》だ。あまり仲良《なかよ》くできない。あなたはそう思っていた。

でもある雨の日、授業《じゅぎょう》と部活《ぶかつ》が終《お》わって帰《かえ》ろうとしたあなたは、家からもってきた傘《かさ》がこわれてしまっていることに気がついた。うまく開《ひら》かないのだ。どうしよう。走って家に帰《かえ》ろうか。それとも雨は上がるかな。そう思いながら靴《くつ》箱《ばこ》の横《よこ》で空を見ていたら、誰《だれ》かが横《よこ》にいることに気がついた。にっこりと笑《わら》って傘《かさ》を開《ひら》きながら、一緒《いっしょ》に帰《かえ》ろう、と言葉少なくAさんは言った。

家はあなたのほうが少し近い。一本の傘《かさ》の下であなたとAさんは、少しだけ話をした。よく聴《き》く音楽《おんがく》。好きなアイドル。Aさんはやっぱり少しだけとっつきづらかったけれど、家の前《まえ》でありがとうと言いながら、あなたは自分のAさんに対《たい》するイメージが、それまでとは変《か》わっていることに気がついた。

ここで質問《しつもん》。Aさんの昨日《きのう》までのイメージと今日のイメージ、どちらが嘘《うそ》でどちらが真実《しんじつ》なのでしょう。

そう訊《き》かれてあなたは困《こま》るはずだ。だってどちらも嘘《うそ》ではない。人は多面的《ためんてき》だ。普段《ふだん》は無口《むくち》だけど好きな話題《わだい》ならよくしゃべる。なかなか馴染《なじ》みづらいけれど、時おりとても優《やさ》しい笑顔《えがお》を見せる。この人にはこんな面《めん》があったのかとびっくりする。そんな体験《たいけん》はあなたにもあるはずだ。

そしてこれは人だけじゃない。世界は多面的《ためんてき》だ。多重的《たじゅうてき》で多層的《たそうてき》。いろんな色が隠《かく》されている。重《かさ》なっている。でもメディアはこうした世界をまとめてしまう。単純《たんじゅん》にわかりやすくしてしまう。だってそうしないと情報《じょうほう》にならないからだ。

だから「たったひとつの真実《しんじつ》」というフレーズには気をつけたほうがいい。緑《みどり》に黄緑《きみどり》や青緑《あおみどり》が重《かさ》なるように、そこにはたくさんの真実《しんじつ》が重《かさ》なっている。視《し》点《てん》を変《か》えれば、違《ちが》う真実《しんじつ》が現《あらわ》れる。

あとがきはここで基本的《きほんてき》に終《お》わり。でも最後《さいご》にちょっと確認《かくにん》したい。あなたは「ポスト・トゥルース」という言葉を聞いたことがあるだろうか。日本語にすれば真実《しんじつ》の後《あと》。あるいは脱真実《だつしんじつ》。特《とく》に世論《よろん》や世相《せそう》が形成《けいせい》される過程《かてい》で、客観《きゃっかん》的事実《てきじじつ》よりも感情的《かんじょうてき》な意見《いけん》のほうがより強《つよ》い影響力《えいきょうりょく》をもつこと、あるいはその人にとって受け入れがたい真実《しんじつ》よりも、受け入れやすい虚偽《きょぎ》のほうを選択《せんたく》してしまう状況《じょうきょう》をいう。

例《れい》を挙《あ》げよう。アメリカのトランプ大統領就任式《だいとうりょうしゅうにんしき》に集《あつ》まった人々の数は、前任者《ぜんにんしゃ》であるオバマ大統領就任式《だいとうりょうしゅうにんしき》に集《あつ》まった人々よりも明《あき》らかに少なかった。空撮《くうさつ》を見れば数の差《さ》は一目瞭然《いちもくりょうぜん》だ。でもこのときトランプ政権《せいけん》は、「過去《かこ》最大《さいだい》の人々が就任式《しゅうにんしき》を自分の目で見るために集《あつ》まった」と発表《はっぴょう》した。それは事実《じじつ》とは違《ちが》うと多くのメディアから指摘《してき》されたトランプ政権《せいけん》は、「もうひとつの事実《じじつ》だ」と言い返した。

真実《しんじつ》は人の数だけある。でも事実《じじつ》はひとつだけだ。事実《じじつ》がいくつもあるなどありえないし、もうひとつの事実《じじつ》など存在《そんざい》しない。本来《ほんらい》なら笑《わら》われて終わりのレベル。でもこのとき、トランプを支持《しじ》する多くの人は、過去最大《かこさいだい》の人々が就任式《しゅうにんしき》に集《あつ》まったと信《しん》じ込《こ》んだ。ほとんどのアメリカ国民が大統領《だいとうりょう》を祝福《しゅくふく》していると熱狂《ねっきょう》した。

これがポスト・トゥルース的状況《てきじょうきょう》。自分の都合《つごう》のいいように事実《じじつ》を捩《ね》じ曲《ま》げる。自分が信《しん》じたい情報《じょうほう》ばかりを信《しん》じ込《こ》む。これはまさしくメディア・リテラシーの真逆《まぎゃく》。

特《とく》にインターネットが人々の日常《にちじょう》に欠《か》かせない存在《そんざい》になった今、この状況《じょうきょう》は日ごとに加速《かそく》している。なぜならインターネットは、その人の傾向《けいこう》に合《あ》わせて情報《じょうほう》を選択《せんたく》して提供《ていきょう》する。都合《つごう》の良《よ》い情報《じょうほう》ばかりに囲《かこ》まれてその人はいい気分だけど、その人の世界観《せかいかん》は、事実《じじつ》とはまったく違《ちが》うものになっていることに気づけない。

世界は複雑《ふくざつ》だ。多面的《ためんてき》で多重的《たじゅうてき》で多層的《たそうてき》。それは前提《ぜんてい》に置《お》きながら、僕《ぼく》たちは虚偽《きょぎ》の情報《じょうほう》に振《ふ》り回《まわ》されてはいけない。

だってそれでは人生がもったいない。

せっかくこの世界に生まれたのだから、僕《ぼく》はできるだけ正しくこの世界を知りたい。複雑《ふくざつ》さに気づきたい。黒《くろ》か白かの単純《たんじゅん》な世界ではなく、様々《さまざま》な色が重《かさ》なっているのだと実感《じっかん》したい。

その上で僕《ぼく》たちにとって大切《たいせつ》な情報《じょうほう》を選《えら》ぶ。有益《ゆうえき》な情報《じょうほう》に触《ふ》れる。そして現《げん》実《じっ》を変《か》える。もっと良《よ》い方向に。もっと多くの人が幸《しあわ》せに暮《く》らせる方向《ほうこう》に。苦《くる》しんだり傷《きず》つけられたりする人がもっと少なくなる方向《ほうこう》に。その視点《してん》をもったとき、世界はもっと豊《ゆた》かで人はもっと優《やさ》しい、とあなたは気づくはずだ。まだ戦争《せんそう》はなくならない。虐殺《ぎゃくさつ》もなくならない。飢餓《きが》や不平等《ふびょうどう》も終《お》わらない。そう簡単《かんたん》には終《お》わらない。でもあきらめない。大丈夫《だいじょうぶ》。メディアを正しく使えば、あなたたちはきっと、僕《ぼく》たちより賢《かしこ》くなるはずだから。

二〇一九年一一月四日

森 達也

本書は『世界を信じるためのメソッド
ぼくらの時代のメディア・リテラシー』
（二〇〇六年、理論社刊。
二〇一一年、イースト・プレス刊）
を改題、加筆、改筆したものです。
《協力》ウェブメディアFINDERS

森 達也（もり・たつや）

1956年、広島県生まれ。映画監督・作家・明治大学特任教授。98年、オウム真理教のドキュメンタリー映画「A」を公開。2001年、続編「A2」が山形国際ドキュメンタリー映画祭で審査員特別賞、市民賞を受賞。11年に『A3』が講談社ノンフィクション賞を受賞。著書に『放送禁止歌』『死刑』『いのちの食べかた』『FAKEな平成史』『ニュースの深き欲望』他多数。

フェイクニュースがあふれる世界に生きる君たちへ

増補新版 世界を信じるためのメソッド

2019年12月10日　第1刷発行
2022年 7月 5日　第3刷発行

著　者　森達也

カバー・本文イラスト　三井ヤスシ

ブックデザイン　わたなべひろこ（Hiroko Book Design）

発行者　中野葉子

発行所　ミツイパブリッシング

〒078-8237 北海道旭川市豊岡7条4丁目4-8
トヨオカ7・4ビル　3F-1
電話 050-3566-8445
E-mail：hope@mitsui-creative.com
https://www.mitsui-publishing.com

印刷・製本　モリモト印刷

ISBN：978-4-907364-13-7 C0095